总顾问　张玉明　董恒秋

主　　编　孙海清

副主编　崔金赋　彭志远　杨善禧

总编审　何明东

编写人员（按姓氏笔画排序）

马　晴　王军明　田应华　许邦丽　许建民

张宗敏　杨　芳　杨增雄　法林荣　赵　刚

赵　莉　赵　跃　俞　浩　姜　红　胡列曲

涂书浩　敖世红　唐柳洁　董仲生　谭　琳

云南省农村劳动力转移及劳务输出工作领导小组办公室
云南省农民创业指导服务中心　编

云南省农民创业典型案例汇编

云南大学出版社
Yunnan University Press

图书在版编目（CIP）数据

云南省农民创业典型案例汇编 / 云南省农村劳动力转移及劳务输出工作领导小组办公室，云南省农民创业指导服务中心编.-- 昆明 : 云南大学出版社，2013
ISBN 978-7-5482-1436-6

Ⅰ. ①云… Ⅱ.①云… ②云… Ⅲ.①农民—劳动就业—案例—汇编—云南省 Ⅳ.①F327.74

中国版本图书馆CIP数据核字（2013）第041817号

责任编辑：柴 伟
责任校对：严永欢
装帧设计：刘 雨

云南省农民创业典型案例汇编

云南省农村劳动力转移及劳务输出工作领导小组办公室
云南省农民创业指导服务中心　编

出版发行：云南大学出版社
印　　装：昆明佳迪兴隆印刷有限公司
开　　本：787mm×1092mm 1/16
印　　张：13.625
字　　数：235千
版　　次：2013年4月第1版
印　　次：2013年4月第1次印刷
书　　号：ISBN 978-7-5482-1436-6
定　　价：30.00元

社　　址：昆明市翠湖北路2号云南大学英华园内
邮　　编：650091
电　　话：（0871）65031071 65031070
网　　址：http://www.ynup.com
E-mail：market@ynup.com

序言

为提高全省农业发展的质量和效益，增强农产品市场竞争力、改善农村民生、促进社会主义新农村建设，云南省第九次党代会提出了发展高原特色农业的重大战略决策。发展高原特色农业，在根本上要培养新型农民，按照有文化、懂技术、会经营的要求，大力实施现代农业后备力量培植计划，开展农业生产经营普及性、引导性培训，提高农业规模生产经营者和农村社会管理者的综合素质、生产技能和经营能力，促进现代农业生产经营和农村社会管理主体的快速形成。阳光工程农民创业培训是一个长期的系统工程，其主要目的就是要帮助农业规模生产经营者和农村社会管理者学会用新知识、新技术和新的经营方式来武装头脑，更新传统生产和管理观念，提高他们接受新信息、新技术和新生事物的能力，从而实现以培训促创业、以创业兴产业，培育出一批创业农民典型，发挥他们的典型带动作用，推动高原特色农业发展和社会主义新农村建设。

阳光工程农民创业培训在我省实施三年来，以“两个五”为抓手，从抓好集中培训、创业设计、市场考察、实践实习、创业发展五个环节入手，围绕种植、畜牧、水产、农产品加工、农村服务等五大领域开展培训，共培训创业农民3000多人，基本形成了通过推进农民创业培训激发农民实体创业，通过农民实体创业带动农民就业，通过农民就业促进农村经济发展的良好局面。农民创业是一项充满风险的活动，在创业之前通过接受较为系统的培训，提高农民对创业风险的预判能力，是创业成功的重要前提。当前，我省已经涌现出一批农民创业成功的典型，他们在创业的过程中充满了酸甜苦辣，现在把他们创业的经历通过案例的形式展现给即将创业的农民，让农民对创业有更多直观认识，同时丰富创业培训老师的培训内容，提升创业培训效果。我们编写《云南省农民创业典型案例汇编》这本培训教程，从全省筛选出了32个农民创业的典型案例进行汇编，供各地在开展农民创业培训时借鉴和参考。衷心希望本书的出版对促进云南农民创业工作起到积极的推动作用。

由于我们的理论、政策水平有限，本书错谬之处在所难免，敬请读者、专家批评指正。

孙海清

2012年12月

目 录

第四部分

技能技术篇

第一部分

项目产品篇

小小豆末糖　闯出大市场

——通海斯贝佳食品有限公司董事长普绩的创业之路

一、教学用途

本案例适用于创业管理过程中的产品项目选择和开发。教学目的在于帮助创业者在已选择的产品项目中，明确如何打破常规，进行产品创新，更好地满足消费者需求，获得企业发展的空间。

二、企业现状

多少年来，唯有少数蒙古贵族和社会名流方能享受豆末世家的完美品质和传奇工艺；这里的甜蜜来得毫无理由，却又不由分说，因为它只属于云南；原始风味，自然神韵，少几分新鲜，多一分真挚，生活原本就应该实实在在。这是对云南省通海斯贝佳的最好诠释，也赋予了企业文化以浪漫传奇，多姿多彩。

斯贝佳食品有限公司是集研发、生产、物流、销售为一体的非公企业。公司以豆末糖、绿豆糕、南糖、月饼等系列产品的生产销售为主，“斯贝佳”牌系列产品已经畅销全省。三年前公司推出的“豆末世家”系列产品已经顺利进入了国内大中城市的高端市场及国际市场，并在北京、上海、广州、深圳、昆明等城市自建终端专卖，使得斯贝佳公司品牌形象得以快速提升；斯贝佳品牌的中端价位产品，凭借其出色的产品质量和云南特色，很快便占领昆明、玉溪、北京等城市各大终端卖场；而低端价位的土风品牌，其产品也深度分销，全方位进行渗透。公司由创业之初的10余人发展到今天的250余人，产值由原来的30多万元增加到今天的3000多万元，年销售收入达到2000多万元，十年来各项经济指标翻了30多倍。

斯贝佳食品有限公司分生产中心和营销中心两大部分，以云南昆明作为样板市场，云南玉溪作为根据地市场，以北京、上海、广州、深圳作为全国重点市场，其中以深圳作为国内的营销中心。十年的艰苦奋斗，“斯贝佳”已经拥有了包括巧克力豆末糖在内的19项国家专利，主产品有六大系列50余个品种。目前，公司已成为同行业中品种、质量、品牌形象、生产规模、销售规模首屈一指的企业。

因此，斯贝佳荣获2001年7月第十二届新技术新产品博览会金奖称号、2001年9月中国市场信誉品牌称号、2002年8月第十届中国专利新技术新产品博览会金奖称号、2003年取得中国新产品芦荟糕发明专利证书。2002年其各项指标居通海县首位，2003年各项指标在玉溪地区居首位，2004年各项指标居云南省之首。并于2004年获云南省消费者协会“诚信单位”，2005年获“云南省著名商标”称号。

对于个人，董事长普绩生活中关心弱势群体、关注公益事业，共向社会捐资、捐物达297860元。董事长普绩1998年10月被评为通海县企业光彩之星；2000年3月被表彰为玉溪市三八红旗手；2002年3月被表彰为云南省三八红旗手；2003年4月被选为玉溪市第二届政协委员；2004年3月被评为通海县先进女能手；2006年被评为通海县优秀党员；2007年当选通海县青年联合会副主席；2007年被评为玉溪市“十大杰出青年”；2009年2月荣获第一届“云南青年创业省长奖”；2009年5月被团玉溪市委聘为“青年创业导师”；2009年7月获“云南省非公企业创业之星”；2010年被评为首届“玉溪十佳创业女性”等荣誉称号。

2006年2月全国政协委员、香港特区第一届政府推委会委员、香港繁荣集团董事长陈玉书先生为公司注入资金25万美元；2007年陈玉书先生又主动与斯贝佳合作，投资4965万元以筹建斯贝佳新工业园，斯贝佳现已成为中外合资企业，也是云南省第一家有外资背景的食品企业。

三、创业背景

一个人的成功往往与其成长的经历和环境有关，创业项目的选择也往往来自于市场的需求和个人所掌握的技能，这正是通海斯贝佳食品有限公司董事长普绩创业成功的个人和社会背景。

（一）个人背景

通海斯贝佳食品有限公司董事长普绩，于1973年1月出生在云南省通海县九街镇碧溪村三组，大专文化，中国共产党优秀党员。在她还够不着案板的时候，就开始跟着外婆一起学做豆末糖，并最终得到了外婆做豆末糖的真传。理想是指路的明灯。就从那个时候起，她就有了自己的人生理想：要做世界上最好的豆末糖！20岁以后，普绩遍访制糖名师，求教制糖技艺，手艺日渐精湛。普绩于1991—2001年间曾在通海兴德糖果厂工作，并于1993年任厂长，这段时间不仅使她对糖果业较为熟悉，同时也积累了相当丰富的管理经验，为以后创办云南省通海斯贝佳食品有限公司奠定了坚实的经验基础。9年时间，经过艰苦创业和辛勤工作，公司取得了较好的经济效益和社会效益。可见，创业项目选择自己最为熟悉的领域，开发自己最了解的产品，并拥有相关管理工作经验，有助于保证创业者创业项目的顺利开展。

（二）社会背景

据传，豆末糖最早出现在元代。公元13世纪，蒙古大军入滇，经由曲陀关至河口的途中，由于漫长的行军路途，军粮袋中的黄豆开始变质成末，于是蒙古将士将麦芽糖、白砂糖与豆末混在一起作为干粮。在长时间的颠簸中，豆末与麦芽糖、白砂糖层层包裹成块，因口味香甜而被军中将士所喜爱，并流传于民间。到了清代中叶，豆末糖制作业在通海开始兴旺。如今，在通海仍然存在着一个蒙古族村，他们就是那些蒙古军人的后裔。

豆末糖已成为云南通海的著名传统小吃。虽然在通海本地会制作豆末糖的人为数不少，但真正的好糖都出自家庭式秘制，主要以家庭作坊为主，家庭间很少交流技艺。即使是20世纪90年代的兴德糖果厂，也不具规模，生产的糖果种类单一，不足以满足市场的需求。有着如此悠久历史的传统小吃，却只能在当地流传，不能推广至其他地方，不能让其他地方的人民享受这般美味，实乃遗憾。基于这样的背景和考虑，普绩开始了她的创业生涯，开始了她的传承历史之路。

四、创业过程

俗话说，一等二靠三落空，一想二干三成功。普绩深深明白，要想成功创业，她必须首先要攻克豆末糖的层数，解决传统豆末糖不酥的难题。豆末糖酥的程度由其层数决定，豆末糖的口感好坏又由酥的程度决定，因此，突破豆末糖的层数对创业能否成功有着至关重要的作用。而传统的豆末糖只有18层，有的还不到18层。层数少加之工艺上的缺陷，不仅影响了豆末糖的口感，还使其容易受潮结块，影响保质期。虽然普绩从外婆那里学到了豆末糖的真传，有过在糖果企业工作和管理的经验，但是要跟上时代的步伐，迎合市场的需求，这还远远不够。这就要求对产品实行升级换代，要有新的突破点和创新点，就必须提升传统豆末糖的层数。

有一首老歌里的歌词是这样写的："敢问路在何方，路在脚下。"是的，要做前人没做成的事，要走前人没走过的路，就要踏踏实实地走好脚下的路。"一蓑烟雨，踏破铁鞋"，那是对普绩学技历程的真实写照。所谓"天将降大任于斯人也，必先苦其心志，劳其筋骨"，对于那时满怀理想与抱负的普绩来说，解决豆末糖层数的难题是她永远都无法忘怀的一段经历。那时的她，只是一个无名小辈，在她要学习的老师傅们看来，更是少不更事，更重要的是，学人家的手艺就等于是去抢人家的饭碗。看似天方夜谭，但是普绩并没有灰心，她深信，世上无难事，只怕有心人；她也深信，精诚所至，金石为开。所以，当普绩找到一位老人求教时，家人知道来意后就撵她走，她不走就骂。她被气哭了，流着泪走了。后来她强打笑脸，硬着头皮，再次走进了家门，又被骂哭了，这样来来去去被骂了三次，哭了三次。第四次，老人被深深地感动了，跟她约了一个子女不在家的时间，老人毫无保留地把他一身的本事全部传授给了普绩。"没有做不成的事，只有做不成事的人。"她最爱说的一句话再次被验证了。

打破传统豆末糖的18层，这是一种创新，然而，创新就是走前人未走过的路，也就注定了没有什么经验可循。因此，在对豆末糖的层数进行升级的过程中，普绩团队整整经历了1290次失败，前后坚持了三年多。但是他们并没有放弃，不久后，也就是2005年6月5日，他们开始了第1291次试验，终于研制成功，把传统的18层豆末糖艰难地改制成29层。

豆末糖的酥度、口感、口味达到了要求，长途运输却出现了问题。于是，她想到了把口感细滑的巧克力涂在豆末糖上，这又是一种产品的升级创新，而此次创新，需要大量的资金支持。因此，如果投资失败，将给企业带来灭顶之灾。经过痛苦的抉择，普绩最终还是做出了这个决定。没想到巧克力和豆末糖的搭配口感如此完美，特别是配上红酒和雪茄。从此，豆末糖从一个糖果变成了一个高档的巧克力、一个休闲食品，顺利地进入了国内高端市场和国际市场，得到了中国糖工委高级工程师的大加赞赏。对于巧克力豆末糖的成功创造，也离不开国内最权威的巧克力专家季顺英教授的指导，她是国内唯一的从可可豆制成巧克力的专家。可见，在产品的创新过程中，优秀人才的引进及其战略性的指导，对企业产品的成功推出至关重要。

企业有了多层豆末糖、巧克力豆末糖等产品，在国内外的高端市场就占据了一席之地。然而，由于企业生产规模的限制，往往导致市场中的供不应求，从而影响企业市场规模的扩张。早在2001年，斯贝佳豆末糖就曾进入中国香港、马来西亚、新加坡，在北京、上海、广州等地也深受欢迎；然而，由于生产能力的限制，不得不放弃这些市场。为进一步缓解厂房狭小、生产能力严重不足的实际，除了2009年5月20日正式投产使用，占地面积12740平方米，总建筑面积9750平方米，巧克力豆末糖年产量可达10000吨的斯贝佳工业园外，目前也正在里山乡修建占地100亩的厂房，以打造高端价位的新产品。此外，在管理上也进行创新，引入“六大要素”，新型现代企业管理模式，优化了企业发展环境。斯贝佳产品已遍布昆明各大超市，并通过国际零售巨头沃尔玛、家乐福等将产品销往全国各地。生产车间中采用现代流水线在豆末糖上涂巧克力，而其他工序为纯手工制作。这样不仅有对传统的继承，更有产品创新升级，使得斯贝佳产品在市场上具有极大的吸引力。

企业创业成功的原因除了关键的产品创新升级，还离不开和谐的员工关系，强烈的团队精神。此外，企业在市场定位的基础上还进行了市场细分，以更好地满足消费者。企业组织了由两名教授、3名技师参与的公关小组，本着安全、健康、绿色、美味的原则，每年要研制出1至2款精品、4款新品。双歧因子系列产品、无糖月饼为不能吃糖、不愿吃糖的消费者提供了新的选择，松花糕、芦荟糕等产品在口感、营养上满足了消费者更高的要求等。

企业的发展同样也离不开品牌建设，品牌效应是斯贝佳在创业过程中一直追求的。为此，企业特聘请全国最具影响力与执行力的策划机构——深圳鹰派公司，由其全程策划服务，选择品牌化战略，走品牌化发展之路。至此，斯贝佳食品有限公司在原来产品的基础上进行全面规划与调整，完善品牌与产品文化，挖掘品牌核心价值，走长远的品牌化发展之路，建立全新的品牌形象。例如“豆末世家”品牌，强调产品的一丝不苟、至臻完美，将产品视为一种关乎荣誉与尊严的创作。传承700年历史，30道严谨工艺，代代秘传，纯手工制作，正可谓中国独有、世界唯一。因此，它的文化是传承、传奇、传味。同时，企业也不会放过任何一个推广其产品的机会，先后参加了成都糖酒会、’99昆明世博会、长沙秋季糖酒会，获得众多全国经销商和消费者的追捧，订单纷至沓来，成效显著。

然而，创业的路也不是一帆风顺的。2009年，一家名为通海红苹果的食品企业也生产了相似的巧克力豆末糖。他们的巧克力豆末糖做得很粗糙，价格也非常低。8月，企业向红苹果公司发了一份公函，要求其停止生产、销售该款产品，但红苹果并未按要求去做。于是，2009年12月21日，公司以“29层巧克力豆末糖”专利权受侵犯为由，将红苹果公司告上法庭。2010年2月5日，玉溪市中级人民法院做出一审判决：被告红苹果公司侵犯了原告斯贝佳公司发明专利权，赔偿原告斯贝佳公司损失10万元。公司用这笔钱成立了云南传统食品创新奖励基金，用于奖励在云南传统食品行业内做出重大创新突破的企业和个人，扛起“云南味道”的创新大旗。可见，在企业创业发展过程中，对创新产品的专利保护极为重要。这就要求对云南传统食品统一制作标准，最后形成行业标准，甚至是国家标准。

创业的路任重道远，企业不仅要寻求对产品的创新，生产出高品质、安全的食品，也要做一个有责任感的企业，继续发扬食品企业就是做良心食品的这一宗旨，以更高、更好、更新的产品标准，严格要求自己，尽心尽力打造斯贝佳更美好的明天！

五、经验与启示

通过思考通海斯贝佳食品有限公司董事长普绩的成功创业之路，我们可以得到以下三点启示。

（一）创业成功与产品创新密不可分

在创业的过程中，对于传统的产品，创业者要勇于创新，另辟蹊径，才能突破既有的市场分割，为自己的产品打开销路，赢得更多消费者的青睐。普绩在对传统豆末糖的层数进行分析的基础上，经过了三年多的不断试验，经历了1290次失败，终于在2005年第1291次试验中获得了成功，把传统的

18 层豆末糖艰难地改制成 29 层，成功进行了产品升级，使产品具有了新的口感和特性，获得了消费者的喜爱，赢得了市场。

（二）突出产品特色，打造产品品牌

产品创新的灵感来源于对所开发产品特性的深入了解和认识，以及熟知消费者对该产品的性能和质量要求，只有做到“人无我有，人有我优”，突出特色，靠质量创品牌，才能在激烈的市场竞争中脱颖而出，站稳脚跟。豆末糖好吃在于酥，酥的程度取决于豆末糖的层数，普绩正是抓住了豆末糖产品的关键要素，进行了大胆创新，使产品具有了独特性，获得了消费者的认同。

（三）创业项目的选择应依赖于对该领域的熟悉度和对市场的把握

正如普绩不只是熟悉豆末糖的制作工艺，有着这方面的管理经验，更为重要的是她深刻地认识到了市场的需求，不断寻求产品创新，对项目相关领域越熟悉，对市场的需求状况越了解，企业成功创业的可能性就越大。

六、讨论思考题

1. 本案例中，普绩是如何对传统的地方土特产品进行产品创新的？

2. 针对本案例，阐述产品创新成功的要素有哪些？产品创新与创业成功有何内在关系？

3. 如果你是普绩，今后应如何进一步推进产品创新？

（本创业案例素材由玉溪市农村劳动力转移办公室提供）

跨领域创业谱新篇

——记江川天一包装有限公司总经理郭桥有

一、教学用途

本案例适用于指导创业者正确选择创业项目和新产品的研发，帮助企业在已有创业项目和产品的基础上进一步开展变革和创新，以快速适应市场变化的需求，增强企业的核心竞争力，使企业得到更好的发展。

二、企业现状

天一包装有限公司是一家以生产瓦楞纸箱包装产品为主，以“以人为本，诚信经营”为经营理念的企业。企业占地30多亩，拥有员工270多人，日产量达到20万平方米。在2006年时，天一包装有限公司在离玉江高速公路5公里附近的30亩缓坡地上投资2000万元，建成日产量10万平方米以上的新的生产线。目前，天一包装有限公司已成为云南省规模较大的瓦楞纸箱包装企业。到2009年上半年，实现销售收入5000万元，上缴利税40万元。天一包装有限公司计划再投资5000万元来扩大规模，提升产品质量，拓宽经营范围，希望借助于高端的技术、先进的管理，实现在3年内产值过亿元，利税过千万元，形成具有一定规模、实力较强、技术和管理较为先进并能解决300多人就业的纸制品包装生产企业。

三、创业背景

个人的磨难练就一个人的意志，产品的选择与当地的市场环境息息相关，二者的结合成就了江川天一包装有限公司的创始人郭桥有。

（一）个人背景

郭桥有，男，云南省玉溪市江川县大街镇上头营村人，是一个农民的好儿子。15岁那年，他初中毕业，就担起了家庭的重任，历经了许多的艰难困苦，但这些艰难的经历，造就了他乐天达观、成熟稳重、谦虚谨慎的人格魅力，让他拥有了艰苦创业改变命运的信心和勇气。白手起家，艰苦创业，从一个农民奋斗成为一个拥有5000万元资产的民营企业家。

（二）社会背景

江川县历史悠久，人杰地灵，湖光秀美，物阜民丰。星云湖坐落其中，抚仙湖嵌于东北边界，水面面积大于耕地面积，被称为“滇中碧玉”“高原水乡”。又因鱼类品种多，尤其大头鱼、抗浪鱼远近闻名，且土地肥沃，水利条件优越，适种作物种类多，尤其烤烟优质高产，故素有“鱼米之乡”和“云烟之乡”的美称。烤烟、仔猪、蔬菜、花卉、磷化工是当前江川县的经济支柱产业。蔬菜、鲜切花、黄磷、赤磷是主要出口创汇产品。以牛虎铜案为代表的李家山青铜文化，是古滇文化中的瑰宝。郭桥有在承包红砖厂时，就看到江川已经有五六家生产纸箱的小厂，但都是手工作业，生产效率低。郭桥有想，如果改进技术，该项目利润会很丰厚，再加上有亲戚朋友在该行业工作过，对这个项目比较了解，这些激起了郭桥有创建天一包装有限公司的决心。

四、创业过程

1996年，郭桥有用积蓄和东凑西借的20万元资金承包了一个红砖厂。万事开头难，由于初期技术的欠缺，烧出来的砖质量达不到用户的要求，致使砖厂陷入困境。郭桥有顶住各种压力，拜访老师傅，请教烧砖技术。经过一个多月的摸索，终于烧出了质量过硬的红砖，同时降低了生产成本，提高了生产效率，使砖厂脱离困境，越做越红火。当年就产生了10万元的利润，也解决了村里60多个富余劳动力的就业问题，得到了当地政府和周围群众的好评。

以前经历的艰难困苦敦促郭桥有不能成为一个安于现状的人。在承包红砖厂时，郭桥有就已经看到纸箱企业的前景。于是在2002年，郭桥有用几年辛苦挣来的200多万元积累，以及向银行和亲戚朋友借的300多万元，共计500多万元，投资了现在的江川天一包装有限公司，生产瓦楞纸箱。烧砖初期不懂技术的深刻教训记忆犹新，郭桥有意识到创业首先必须做好充分的技术准备，要积累一些该行业的经验，收集相关的资讯。如果有可能，可以先考虑进入该行业为别人打工，通过打工的经历来积累经验与资源。于是在建厂初期，郭桥有就出重金联系好省外生产瓦楞纸箱技术较好的厂家并派人去学习技术，有时间他也会跟着去学习。到公司建成投产后，第一次就生产出了合格的产品，得到了客户的认可，当年就实现销售收入500多万元。分析、总结自己的创业经历，郭桥有认为：资金是创业的根本；经验是企业发展的一步一步策略制订的依据，管理经验、实践经验、生产经验、销售经验等缺一不可；拥有随时出现状况的应变能力，优秀的沟通能力是必不可少的；行业领域内的交际圈，与所处行业的同行之间的交流是很有必要的；在企业的发展过程中，必须有明确的长期、短期计划，可以根据市场行情的变化调整自己的规划；时时刻刻地关注自己，改变自己的缺陷，不断地挑战更高的目标，不轻易放弃的性格是必须具备的；善于选择、善于创造，随时抓住一闪而过的机遇。以上这些是成功创业必须具备的条件。

公司非常注重环境保护意识，从建立健全的环保组织机构到以制度作保证加大环保力度，一直把环保工作作为重点工作来抓，使环保工作上了一个又一个台阶。公司成立了环境保护领导小组，由公司总经理任组长，新老厂两位厂长任副组长，车间主要负责人为成员，实行专人负责、层层责任制，使环保工作真正落到实处。为避免发生环境污染事故，预防环境污染给公司或社会造成重大损失，结合公司实际情况，制定了相关管理办法，狠抓环境治理工作。

然而，正如1996年砖厂发展的波澜起伏一样，天一包装有限公司的发展过程也经历了几次大的危机。第一次是在公司发展的第2年，市场要求发生了重大的变化，客户需求的包装由原来的单一颜色印刷版面改成了多颜色套印的彩印包装纸箱，但公司的印刷机设备是单色印刷机，必须马上更换印刷机，可要购进一台160多万元钱的四色印刷机对于一个刚成立不久、还欠着一大堆债的小公司来说是件很困难的事。可不换就意味着企业将被市场淘汰，多年的辛苦也会毁于一旦。换，又面临100多万元的资金缺口。由于建厂时向银行借的100多万元还没还清，去银行贷款已经不可能了。郭桥有只能向亲戚、朋友借，因为他多年来在周围群众中树立了诚实守信的形象，亲朋好友都相信他的企业，更相信他这个人，纷纷拿出自己的积蓄，帮助他，支持天一公司。更换了印刷机，天一公司如鱼得水，加速了公司的发展。第二次危机是在2008年，面对金融危机的严峻形势，郭桥有意识到公司要想继续发展下去，就必须要创新，要创新就必须解决人才问题，他毅然顶着公司部分人反对的压力，从深圳用重金请来懂技术、懂管理的高级人才。经过两个多月的改革后，公司的生产产量提高了，产品的质量提高了，企业的生产成本降低了，使得企业在2008年金融危机的严峻形势下，不仅能够继续生存下去，还实现了盈利。

公司企业创办时的经营理念决定了公司企业能否发展壮大，持续经营。江川天一包装有限公司成立之初，就确立了“以人为本，诚信经营”的理念。公司投产后，时时刻刻都是按照制订的理念发展，重视质量管理，加强工艺控制，不断创新，使生产实现了安、稳、长、满、优的高效率运行，出厂产品合格率达到100%，市场空间不断扩大，企业信誉度和影响力日渐增强。2006年，公司在离玉江高速公路5公里处的30亩缓坡地上投资了2000万元，建成了日产10万平方米以上的新的生产线。现在，江川天一包装有限公司已成为江川乃至全云南省规模较大的瓦楞纸箱包装企业；到2009年上半年，企业实现销售收入5000万元，上缴利税40万元。解决了200多个农村富余劳动力就业问题，为当地农民打工就业创造了良好的条件，为增加当地农民的工资性收入作出了积极贡献。

今后，公司计划投资5000万元，以纸箱为重点，研发多种适应市场的瓦楞纸制品。建立一条全省技术含量较高的彩印包装生产线，力争在3年内实现产值过亿元，利税过千万元，确保产品出厂合格率达100%，顾客满意度达90%以上，争创一流企业，使生产过程处于标准的有效控制之中，向客户提供技术先进、质量可靠、品种多样的一流产品与服务。形成具有一定规模、实力较强、技术和管理较为先进，并能解决300多人就业的纸制品包装生产企业。

创业之路在脚下，一路艰辛一路歌，郭桥有靠勤学实干兴业，靠求实创新发展，造就了今天的事业，超越自我，使他成为一名年轻有为的创业路上的带头人。

五、经验与启示

（一）产品应围绕市场转

当市场需求发生重大变化时，天一包装有限公司由原来的单一颜色印刷版面改成了多颜色套印，这种产品上的创新是根据市场需要而变化，根据消费者偏好而转移的，及时调整企业的生产方向和生产结构，这种适销对路的产品会为企业赢取更多的顾客，赚得更多的利润。

（二）办好企业一定要真正地会经营、会管理

管理出人才、管理出效益、管理促发展。在注重借鉴传统管理经验的同时，要不断地进行产品结构的创新，对现在生产的各种产品进行改进和改造，找出更加合理的产品结构，使其生产成本更低、性能更完善，从而更具市场竞争力。郭桥有在2008年，面对金融危机的严峻形势，想到的不是转行，而是意识到公司要度过危机，继续发展下去，必须要有人才，于是从深圳用重金请来懂技术、懂管理的高级人才。事后证明，这一决策是英明的，因为经过两个多月的改革后，公司的生产产量提高了，产品的质量提高了，企业的生产成本降低了。

（三）坚守“以人为本，诚信经营”的理念

郭桥有创业和经营的两条制胜之道：一是注重产品质量，绝不经营假冒伪劣商品，保证所售产品货真价实；二是树立正确的经营理念，即坚持诚信经营、礼貌待人，从不坑蒙欺骗，坚持诚信第一的原则。天一包装有限公司从诞生之日起，便一直按照制订的理念发展，重视质量管理，加强工艺控制，不断创新，保证出厂产品的合格率，增强了企业的信誉度和影响力。

六、讨论思考题

1. 是什么因素促使天一包装有限公司对产品进行创新的？
2. 产品创新在该企业的发展历程中发挥了什么样的作用？
3. 针对本案例，你认为创业者在产品创新中应注意哪些问题？

（本创业案例素材由玉溪市农村劳动力转移办公室提供）

绿色养殖业给山区农民带来了希望的福音

——记虎跳峡生态养殖协会会长杨浩

一、教学用途

本案例适用于创业管理过程中的产品项目选择和开发，目的在于帮助创业者在已选择的产品项目中，明白如何提高农业生产的科技含量，更好地满足消费者需求，获得企业发展的空间。

二、企业现状

目前，虎跳峡生态养殖协会的养殖户已达336户，协会已辐射到虎跳峡镇的其他村社以及香格里拉县五境乡、金江镇、三坝乡、洛吉乡，开发区，丽江市玉龙县拉市村，大理州剑川县等地。发展到今天，协会已拥有一支团结协作的团队，目前已有管理人员7人、员工21人。

三、创业背景

杨浩是土生土长的长坪人，原来在香格里拉县民贸公司工作。当地乡亲们每天起早贪黑地忙碌在海拔两三千米的半山区，一年下来，仅仅解决了温饱问题。很多村民依然盖不了房子、供不起孩子读书。没有科技含量的农业生产难以改变乡村的贫穷面貌。没有健康的文化生活，很多苦闷的人不是喝酒就是打麻将，家庭矛盾、邻里矛盾把小山村折腾得又贫困又难在。他看在眼里急在心里，面对没有任何污染，青山环绕的绿色环境，他孕育了一个梦想——发展绿色养殖业。于是，他从城里回到乡村，在野猪生产和土鸡生产的养殖业里成就了他的梦想。

而杨浩的伙伴熊凡则是个城里人，原来在物资公司工作的他，放弃了城里优越的生活和工作条件，离开他的家人，来到山村并用信念坚守了下来。如今，山村人早已把他当做村里人，他的爱人和孩子也时常来到山村，和他一起分享一天比一天壮大起来的养殖业发展成果。

2006年，正当产业发展逐步走上正轨的时候，一场猪疫病击碎了他们的梦想。面对死气沉沉的猪圈，杨浩和熊凡咬着牙坚持了下来。发展到今天，协会已拥有一支团结协作的团队，有管理人员7人、员工21人。

跑贷款、争取上级支持，选良种、学习科技知识，5年来，他们一路辛酸一路喜悦，在州、县各级相关部门的关心支持下，如今，从虎跳峡镇、香格里拉县城，到丽江、大理，越来越多的人认识了虎跳峡生态养殖协会，认识了从深山里走出的特种猪、土鸡、鸡蛋，也有更多的人在香格里拉县向阳农贸市场“雪源谷”专卖店选择味美并且没有污染的原生态野猪肉，山村的水泥路上不时有来自丽江等地的车辆载着一车车野猪和土鸡供应给旅游客商。

四、创业过程

提起协会的创业历程，一种难以言表的记忆冲击着杨浩的脑海。改变家乡贫穷落后面貌的愿望促使他从城里回到农村，在野猪生产和土鸡生产的养殖业里开始了他的梦想。

近年，由于土鸡疫病较为频发，加上外来一些实行过免疫的鸡种冲击，土鸡的自然孵化率越来越低，很多山村人便选择了外来鸡种，本地良种土鸡濒临灭绝。为了保存好虎跳峡镇的土鸡种源，养殖协会聘请专业技术人员在各个远离集市的山村选择良种，努力保存现存的土鸡种群。在鸡种保存和繁育过程中，孵化率和存活率是两项最大的难题，为此，协会从陕西西安聘请了具有30余年养殖经验的专家王学文到孵化场指导工作。

虎跳峡养殖协会的土鸡孵化基地，有严格的消毒和隔离措施、全自动孵化装置，随时可看到一架架不同生长阶段的小鸡正在脱温，健康成长的种鸡毛色润泽令参观者叹为观止，每一个工作的细节无不展示了科技的含量。

一般从养殖户手里出栏回收的小猪两个月后断奶，协会养殖场回收后保育两个月，完成阉割和计划免疫之后才下放到农民手中，以提高成活率。同时，每一只小猪都要打耳标，生产全过程接受自动化管理。放养场内的肥猪主要是从农户手里回收的肥猪，为了提高肥猪的质量，放养场里的这些肥猪要在这里接受日光浴和“减肥运动”，在自然条件下生活1~2个月才出栏走向市场。

为了提高养殖户的科技养殖能力，仅今年上半年，协会就先后选派11人到昆明、南宁等地学习，选派4人参加州内培训，选送172名协会成员参加州、县组织的各种养殖技术培训。

为了保证产品质量，协会在吸收会员时严格把关，把诚信和勤劳作为首要条件。一般通过养殖户提交书面申请，协会考察、研究，养殖户再作出书面保证之后才吸收为会员。

为了减少养殖户的后顾之忧，协会给养殖户提供了非常优厚的条件，协会回收小猪的价格为26元/公斤，下发给养殖户的价格是14元/公斤，和肥猪的收购价一样，平时协会还为养殖户提供高效的医疗服务，每当哪家的猪有小病，只要一个电话，兽医就上门服务。为了保障养殖户的养殖安全，2009年，在猪蓝耳病流行期间，协会每个周杀一头野猪以市场的猪肉价供给村民，三个月内就补贴给村民40000多元。每当村民有红白喜事，办事人家的鸡不够用时，协会就按市场价为他们提供协会养殖的土鸡。协会时时处处都为养殖户着想，保障了养殖户的利益。

杨浩把打造“雪源谷”生态品牌当做协会的发展目标，当前的产业发展中，除了发展野猪和土鸡养殖外，协会还拥有优质山泉作为水源酿制的“雪源谷”烧酒，还有经济作物种植、药材种植等项目，今后还要发展绿色蔬菜种植。杨浩还说：在半山区，种植粮食收入不高，难以让当地的老百姓脱贫致富，因此要依托无污染的环境，大力发展养殖业和种植经济作物。在生态养殖业的发展中，面对纷至沓来的取经者、众多申请加入协会的养殖户以及前来洽谈订单收购的客商，协会面临许多困难。如项目引进困难，发展项目单一，群众增收途径不宽的“瓶颈”；饲料加工场所严重不足、生产量低制约协会不能发展更多养殖户；产品深加工还未建立，导致产品销售范围小，影响了产业的发展。

五、经验与启示

随着人民生活水平的提高，健康、生态的绿色食品成为人们追求的重要生活物资，杨浩的虎跳峡生态养殖协会正是契合了人们需求的这一变化，获得了成功。

（一）因地制宜，选择好创业产品

农业包容万象，从天上飞的，山上种的，地下跑的，土里埋的到处都有商机，总不能见一样做一样。因此，创业者必须要衡量一下，自己适合种果、养猪，或种菜，选出自己的强项，发挥自身优势，选好项目，先挖出第一桶金后再图扩大，这对白手起家者尤其重要。杨浩正是考虑到没有任何污染、青山环绕的家乡绿色环境比较适合发展绿色养殖业，才从城里回到乡村，成立了虎跳峡生态养殖协会，进行野猪和土鸡的养殖和经营。

（二）兴趣和专业知识成就创业梦想

对于创业者来讲选择了一个好的项目就成功了第一步，但是创业项目的选择不仅要考虑项目的市场大小，更要考虑对选择的项目是否有兴趣、是否专业，如果项目的市场机会很大，但是创业者缺少兴趣和专业知识，创业的成功几率就大打折扣，因此，这也是创业者做好项目选择应该注意的问题。如杨浩看到了没有科技含量的农业生产难以改变乡村的贫穷面貌；没有健康的文化生活，很多苦闷的人无所事事，家庭矛盾、邻里矛盾把小山村折腾得又贫困又难在。因此，怀揣梦想的他就跑贷款、争取上级支持，选良种、学习科技知识，把理想逐步变为了现实。

（三）不断进行新产品开发，以适应市场需求

积极引进新的项目，增加产品项目种类，是优化资源配置，提高农业综合生产能力的重大举措，是持续增加农民收入的有效手段。虎跳峡养殖协会把打造“雪源谷”生态品牌作为协会的发展目标，除了发展野猪和土鸡养殖外，还生产了以优质山泉作为水源酿制的“雪源谷”烧酒。此外，还准备开发经济作物种植、药材种植等项目，今后还要发展绿色蔬菜种植等，随着新产品项目的不断开发，开拓了企业的发展空间，抵御市场风险的能力也大大增强了。

六、讨论思考题

1. 本案例中，杨浩是如何进行创业产品的项目选择的？

2. 针对本案例，阐述一下创业成功的要素有哪些？产品项目选择与创业的成功有何内在关系？

3. 如果你是杨浩，今后应如何进一步做大做强协会？

4. 结合案例，谈谈应如何克服虎跳峡生态养殖协会引进项目困难的难题。

（本创业案例素材由丽江市农村劳动力转移办公室提供）

酸腌菜助家乡走上致富路

——记弥渡县建林绿色食品有限公司董事长张建林回乡创业的故事

一、教学用途

本案例适用于指导创业者如何在创业过程中进行产品项目的选择和开发，并充分发挥自身优势和地方特色。教学目的主要用于创业管理过程中指导创业者如何充分地利用创业的内外部环境，采取什么样的生产经营模式，帮助创业者了解消费者行为及客户关系管理、员工培训、质量管理、企业社会责任等方面知识的理解与运用。

二、企业现状

张建林，现任弥渡县建林绿色食品有限公司董事长兼总经理，同时也是“张氏建林”牌弥渡酸腌菜品牌的创始人。2006 年借家乡“招商引资”之机回乡创业，当年就招聘员工 70 多人，完成产值 600 多万元。公司现有职工 260 多人，年产值超 4000 万元，在全国各地设有销售网点，是一家规模较大，经济效益和社会效益明显的民营农产品加工龙头企业。目前，公司已经通过了 ISO9001 国际质量体系认证，已获得“云南省著名商标”“重点龙头企业”“国家扶贫龙头企业”等荣誉称号，张建林也受到了社会各界的认可，先后获得云南省首届农村创业之星、省劳促会理事、大理州农村乡土拔尖人才、高级职业经理人、农村乡土人才等荣誉称号。

张建林 2006 年到弥渡创业，当年就实现产值 600 多万元，创利税 98 万元，尔后以年均 20% 以上的速度递增，2009 年产值达到 2938 万元，创利税 317 万元；2010 年产值实现了较快增长，2011 年产值超过 4000 万元（见表）。公司之所以得以超常规发展，与公司不断进行管理创新、技术创新是分不开的。现在公司生产的产品已由过去的单一产品发展到多品种、多规格，特别是各种小料包的开发为公司的发展和利润增长提供了大量的空间。“张氏建林”牌系列产品赢得了广大消费者的青睐，市场知名度不断提高，产品走进沃尔玛、家乐福等大中型超市，并远销北京、上海、浙江、四川、广东等省市。2011 年，公司开拓了方便面的小料包业务，并与白象、统一等知名企业建立合作关系。目前，小料包业务每年为公司创造 3000 多万元的产值，利润率在 20% 左右，是企业未来利润的一个重要增长点。

弥渡县建林绿色食品有限公司 2006—2011 年销售额和利税额表

年份	2006	2007	2008	2009	2010	2011
销售额（万元）	613	836	1135	2938	3748	4127
利税额（万元）	98	117	215	317	334	358

三、创业背景

张建林的创业是在我国改革开放的大背景下进行的，特别是国家的“三农”政策和社会主义新农村的实施，更是为他创业提供了良好的内外部环境。其个人和社会背景如下。

（一）个人背景

1970 年出生的张建林是大理州弥渡县弥城镇新村人。早在 1986 年，16 岁的张建林就离开家乡到楚雄谋生，开始制作糖葫芦讨生活，后贩卖过蔬菜，这两项工作他都没有赚到钱，仅够自身糊口。在楚雄卖蔬菜的过程中，他发现当时楚雄菜市场竞争非常激烈，很多市民喜欢买周边农民种植的蔬菜，自己辛苦一天赚不了几个钱。而酸腌菜市场当时竞争者较少，需求量也大，从 1990 年起，张建林尝试利用在家乡掌握的方法腌制酸腌菜卖，结果不仅解决了谋生问题，还发现了商机。在楚雄做生意期间，凭借自己敏锐的洞察力，张建林发现昆明人来楚雄旅游都会捎带些当地的腌菜回去，于是设想昆明人对腌菜的需求应该是蛮大的。1996 年，只有初中学历的张建林携带着 1000 元钱和妻子一起到昆明做腌菜生意，由于资金不足，创业初期困难重重，但是由于昆明市场巨大，凭借着独特的腌制方法和秘制配方，腌菜生意蒸蒸日上。1997年，张建林在昆明成立了建林调味食品厂。有了这多年腌菜生意的经验为张建林后来将腌菜生意做成产业奠定了坚实的基础。

（二）社会背景

张建林的家乡——大理州弥渡县，土地肥沃、气候温和、四季如春、物产丰富。农业发展得天独厚，盛产稻谷、玉米、小麦等粮食作物和烤烟、蔬菜、水果等经济作物。弥渡是滇西最大的蔬菜生产基地，素有“蔬菜王国”之称。这为生产腌菜提供了取之不尽的原材料。

家家户户腌腌菜，是弥渡人的传统之一。腌菜也向来是弥渡人餐桌上不可少的美食，制作方式传统、独特、多样。“到了弥渡不想媳妇”，这一密码般的语言千百年来仁者见仁，智者见智。然而有一种破译便是赞美弥渡腌菜的：古时候，大多滇西人家的女子们都会腌腌菜，弥渡人家的女人腌的腌菜味道独好，使得来到弥渡的男子们尝到弥渡的腌菜，就忘了家里妻子腌的腌菜，所以就有了“到了弥渡不想媳妇”之说。张建林腌腌菜的兴趣和本领与弥渡腌腌菜的传统是分不开的。

近年来，云南省弥渡县充分发挥蔬菜传统生产资源优势，积极建设无公害蔬菜生产基地，扶持龙头企业，发展中介组织，无公害蔬菜产业焕发出勃勃生机。为做大做强这一传统产业，弥渡县不断改善和提高招商引资服务体系、服务方式，出台无公害农产品加工企业扶持政策，在土地、融资、品牌培植等各方面给予大力扶持；全县建成无公害蔬菜生产基地10万亩，研究制订了9个无公害蔬菜标准化生产规程，建成农产品质量安全检测中心，大力推广使用灭虫灯、性诱剂、诱黄板等生物防治新技术，有效提升无公害绿色蔬菜品质，完成12个无公害蔬菜产品认证，为企业提供了稳定、优质、高产的无公害蔬菜生产基地。

四、创业过程

2005年，在昆明办厂的张建林心系家乡，积极响应弥渡县政府“做强绿色产业，经营蔬菜王国”的号召，将厂迁回弥渡并进行改扩建，投入资金1400万元实施了“年产4万吨系列风味食品”的生产加工项目，建成了年加工处理6.6万吨蔬菜原料，生产系列风味食品1.5万吨的生产线。依托云南省生物研究所、昆明绿色蔬菜研究所和弥渡县农业局的先进技术，并长期与国内研究腌制品的知名专家、营养学专家合作，张建林在几年之内积累了丰富的经验。根据弥渡县的实际情况，他采取“公司＋基地＋农户”的生产经营模式，与农户建立利益共享关系，大大带动了农户种植蔬菜的积极性，带动全县无公害蔬菜种植面积达15万亩，建立了稳定的无公害蔬菜原料种植基地。张建林始终注重产品质量，打造诚信企业，加大对新产品的研制开发。在他的带领下，公司根据不同消费群体的习惯，不断研发新产品，2008年度在酱腌菜系列产品的基础上结合广东、山东等地市场需求，推出泡大蒜、剁辣椒两个新产品，市场占有率不断攀升。为进一步提升质量，公司于2009年1月顺利通过了ISO9001国际质量管理体系认证，这为公司的进一步发展奠定了坚实的基础。有现代管理意识的他，针对员工素质情况，定期或不定期组织职业素质及技能培训，同时每个季节都派遣技术人员对种植农户进行技术指导。经过多年的经营，公司目前成为全县规模较大，经济效益和社会效益明显的农产品加工龙头企业。

五、经验与启示

张建林之所以创业成功，与其抓住了我国改革开放后国家出台的一系列政策，充分发挥自身优势和地方特色，善于捕捉商机是分不开的。他凭借敏锐的洞察力，不但注意了解市场需求的现状，还注意了解这些需求的细微变化，以及未来可能发展的趋势。其对创业者的经验与启示如下。

（一）张建林发挥自己所长

哲人说，兴趣是学习最好的导师。业余兴趣也可以创业和发财致富，它让张建林找到事业发展和生活的方向，兴趣的开发围绕职业需要，并结合特长而进行，引导张建林克服重重困难去了解和学习相关知识与技能。张建林也戏说：“我不会打麻将，不会打牌，唯一的兴趣就是腌腌菜。”他结合自己的爱好，围绕市场需求和社会服务而展开研究，到一定时期和阶段后转换成财富，成就了如今产值7000多万元的民营企业。

（二）张建林发挥自家经验优势

二十多年腌菜生意经历，使张建林积累了丰富的腌菜秘制方法、销售渠道、成本控制、员工管理等方面的经验，还拓宽了自己眼界，形成了自己的生意经，这些经验为他后来将腌菜生意做成产业奠定了坚实的基础。回乡后，张建林继续拓宽眼界，依托云南省生物研究所、昆明绿色蔬菜研究所和弥渡县农业局的先进技术，长期与国内研究腌制品的知名专家、营养学专家合作，也使他在产品质量精益求精方面积累了丰富的经验。为了更好地做强做大弥渡农产品加工龙头企业，张建林继续发挥自家经验优势，始终注重产品质量，打造诚信企业，加大对新产品的研制开发，在他的带领下，公司结合不同地区人的生活习惯和口味，不断研发新产品，扩大市场销售份额。

（三）张建林结合了当地传统和弥渡特色

作为远近闻名的蔬菜产销大县，弥渡是全国“菜篮子”产品生产先进县，蔬菜资源丰富，常年种植蔬菜 14 类、220 多个品种，是滇西最大的蔬菜生产基地，素有“蔬菜王国”之称。丰富多产的蔬菜，使得腌菜这种蔬菜独特的储藏方法逐渐成为家喻户晓的传统本领，其制作方式传统、独特、多样，是弥渡人家餐桌上必不可少的美食。张建林腌腌菜的兴趣和本领，与弥渡腌腌菜的传统习俗是分不开的。

（四）张建林抓住政府鼓励发展无公害蔬菜产业政策的机遇

近年来，云南省弥渡县充分发挥蔬菜传统生产资源优势，积极建设无公害蔬菜生产基地，实施“做强绿色产业、经营蔬菜王国”的重要发展战略，不断改善和提高招商引资服务体系、服务方式，出台无公害农产品加工企业扶持政策，在土地、融资、品牌培植等各方面给予大力扶持。张建林项目选择好，抓住了发展机遇，于 2005 年将厂迁回弥渡并进行改扩建，投入资金 1400 万元实施了“年产 4 万吨系列风味食品的生产加工项目”。依托云南省生物研究所、昆明绿色蔬菜研究所和弥渡县农业局的先进技术，张建林几年工夫积累了丰富的经验。同时，结合民族地区实际情况，张建林开创了“公司 + 基地 + 农户”的生产经营模式，实施一系列支农惠农措施，为调整农村经济结构，拓展农民增收渠道作出了贡献。

（五）张建林重视员工人力资源的开发与管理

21 世纪，人力资源已经成为企业的第一资源，企业的发展不仅依赖物质资源，更离不开人力资源。张建林充分意识到员工素质对企业的发展至关重要，采取一系列措施提高员工素质，比如定期或不定期地组织培训，使员工不断更新知识和提高技能；同时，开展多种形式的评比，创造良好的竞争氛围，让员工互相学习，互相帮助，共同提高，还为员工子女上学提供经费补助。正是对员工素质的重视，公司才能持续地创新，不断地发展。

（六）张建林重视产品质量

在市场经济日益发达的今天，质量对于一个企业的重要性越来越凸显。产品质量的高低是企业核心竞争力的体现，提高产品质量是保证企业占有市场和持续经营的重要手段。张建林始终注重产品质量，严把质量关，严格按照 ISO9001 国际质量体系生产。对于腌制用的蔬菜必须是冬菜，腌制的时间必须达到 3 个月。并结合不同的消费群体，不断研发新产品。对产品质量和产品研发的重视，为公司的进一步发展奠定了坚实的基础。

六、讨论思考题

1. 你认为“公司 + 基地 + 农户”的生产经营模式有效吗？为什么？
2. 张建林取得成功后，仍不忘回报社会。结合本案例谈谈你对企业家社会责任的看法。
3. 在张建林成功的案例中，你认为有哪些经验可以借鉴？
4. 张建林为何将投资的触角伸向比较冷门的酸腌菜？

（本创业案例素材由大理州农村劳动力转移办公室提供）

把干巴“烧”成产业

——记瑞丽傣旺食品有限公司创始人黄海洲

一、教学用途

本案例适用于指导创业者在创业时进行市场调研和研究，选好创业的项目或产品，了解市场究竟需要什么，需要多少，谁会来购买你的产品和服务，有多少人来购买等。用于训练创业者树立“先找市场，再组织生产”，创业中要注重品牌建设和管理，市场经济的竞争是人才的竞争，谁拥有人才，谁就拥有市场、拥有顾客等理念。

二、企业现状

云南瑞丽傣旺食品有限公司成立于1997年8月，自公司成立以来，在各级政府的支持下，通过全体员工的共同努力，现已发展成为具有一定规模的食品产销企业。拥有加工厂2个、联营厂2个、销售公司1个、养殖基地1个，注册商标有“傣旺”“藏迪”“头人”和“孔雀之乡”四大品牌系列。主要产品有火烧干巴、牛板筋、手撕牦牛肉、野生菌、香草牛肉棒、泼水粑粑、竹筒饭七大系列近百个独具云南特色的休闲食品。

云南瑞丽傣旺食品有限公司先后获得第二届中国昆明国际旅游节“优秀旅游商品奖”“第三届中缅胞波节指定产品”“云南省放心食品企业”“2002年全国沙滩排球巡回赛指定产品”“瑞丽市先进企业”“瑞丽市诚信经营企业”“云南省著名商标”“瑞丽市农业产业化龙头企业”等称号。公司现有食品研发工程师、高级食品检验员及一批高素质的生产管理人员，已形成完善的研发、生产、品控人才梯队建设。公司先后通过ISO9001、HACCP质量管理体系认证，还先后荣获两项发明专利及多项设计专利。2009年12月份登上 CCTV－7《致富经》栏目专题报道。2011 年 6 月份，“携手杨丽萍共舞彩云南”傣旺食品新闻发布会在昆明官渡酒店彩云厅召开。发布会上，云南民族食品的代表企业瑞丽傣旺食品与代表云南民族艺术、蜚声国际的杨丽萍正式签订了代言合同。由此，民族艺术与民族食品的完美结合拉开帷幕，开始进军全国市场。

三、创业背景

黄海洲创业成功基于其果断、理性分析、准确定位并踏实做人的个人素养以及改革开放的政策环境共同作用的结果，既有个人背景也有社会背景。

（一）个人背景

黄海洲，男，1970 年出生于重庆市荣昌县路孔镇石庙村最贫困的农民家庭，靠捡狗屎念完了初中。因为贫穷，20 岁的黄海洲只身到云南打工。曾在牛肉干加工厂里做过切肉工的黄海洲聪明机灵、踏实肯干、勤劳无比，很快便得到了厂长的信任。在一个偶然的机会中，敏锐的他发现了火烧干巴的商机。得到了厂长信任的黄海洲主动向厂长提出要外出跑销售。6 年后，终于为他的创业梦想积攒了 6 万元的启动资金，并掌握了一些营销技能和人脉关系，为实现他梦想多年的创业计划奠定了基础。

（二）社会背景

火烧干巴出产自云南，此品采用德宏特有的肥膘黄牛肉，选其无筋顺刀之精肉，配以多种名贵及清热降火之天然香料、药材，经木炭火烧、木槌舂制而成。因其独特的加工制作方法产生了让人欲罢不能的彩云之南独特口味。火烧干巴——傣名“舂干巴”，原为傣族宫廷三大名菜之一，专供贵族头人所享用。其加工制作方法极其独特，从包装到口味上都具有很浓郁的民族风味，让你吃了还想再吃。火烧牛干巴具有营养价值高、香辣可口、口味纯正、鲜美醇厚、回味浓郁及蛋白质含量高、脂肪含量低等特点。

当时，这种傣族人民离不开的下酒菜——火烧干巴，市场主要限于德宏、西双版纳和临沧等少数民族地区。交际范围广的黄海洲意识到，火烧干巴的制作尽管费劲，但是技术要求不高，门槛也低，所以他以敏锐的洞察力和准确的判断力，顺应时代发展潮流，毅然通过创业把干巴“烧”成产业，创立了瑞丽傣旺食品有限公司，成为公司的董事长，拥有了自己的企业，并创造出了一个年产值数千万、利税数百万元的民营企业。

四、创业过程

1991年6月的一天，黄海洲接到一个任务，去当地的傣族村庄买一样东西。黄海洲没想到，第一次走进傣族村寨，竟让他发现了一个周围人都忽视的东西——火烧干巴。这是当地傣族百姓保存牛肉的方法，用肥膘牛肉，经木炭火烤、木槌舂成，是傣族的一大下酒名菜。经过进一步了解，黄海洲发现，火烧干巴的制作全部依赖手工，比较费劲，当时傣族村人人都会做，并且只有傣族村寨里才有卖，但当地没有人把它当做一个赚钱的事。黄海洲意识到，火烧干巴的制作尽管费劲，但是技术要求不高，门槛也低，五六万的启动资金就足够了，更重要的是，还没有人看到火烧干巴的市场，这就是一个隐藏的商机，非常适合创业。遗憾的是，黄海洲没有启动资金。

从傣族村寨回来后，黄海洲就主动向老板提出要外出跑销售。虽然比切肉更辛苦，而且风险也大，但他觉得这是他实现创业必须要闯的第一关。因为只有这样，他才可以更快地挣到启动资金，让他实现创业梦想，改变人生。挣钱、攒钱成了黄海洲拼命干活的全部动力，在他看来，每存一笔钱，就是向目标靠近了一步。于是，他每一笔花销都很节省。曾经为了节省买床的钱，他一年半时间睡在地板上。6年时间，黄海洲不停地挣钱、攒钱，毫不在意人们的任何看法。而黄海洲收获的不仅仅是挣钱、攒钱那么简单。就在这6年时间里，他掌握了一些销售窍门，更重要的是他结识了遍布云南省内外的一些经销网点，积累了大量的人脉关系，为实现他梦想多年的创业计划奠定了基础。

1997年5月，黄海洲终于积攒到了6万元钱，坚持了6年的创业计划终于可以正式启动了。凭着使不完的力气和已拥有的人脉关系网，黄海洲很快就开始了他的创业计划，起早贪黑地干，一年就赚到了10万元钱。在随后的6年时间里，他依靠抢占的商机，依靠过去跑销售的经验和积累的关系，把火烧干巴产品经营得有声有色。到2004年，黄海洲年销售额已经达到600多万元，他在瑞丽娶妻生子，兄弟姐妹也都跟着他到了云南。也是在这一年，随着云南旅游资源的开发，火烧干巴逐渐成为地方旅游特色食品，深受外来游客喜爱，从而引爆了这个产业的发展。许多商家都争相进入该产业，制作这种产品的企业多达20多家，引发了激烈的市场竞争。激烈的竞争让黄海洲原料告急，市场告急，产品价格却没有随着云南旅游业的升温而得到稳定。

面对原料、市场的双重危机，黄海洲认真地分析了市场情况。随着云南旅游业的提速发展，火烧干巴竞争最激烈的是云南省内各大旅游城市，而其他一些旅游并不发达的城市，则是一个个难得的空白市场，能够抢先拿下就是抢占了先机，必须开辟新市场，才能走出困境。

于是，黄海洲调整了营销战略，找到了新的出发点，让自己一路攻城拔寨。黄海洲组建了自己的营销团队。每天早上7点，黄海洲带着他的团队，从晨会开始一天的工作。在黄海洲的心里，自己的员工表面看起来个个平凡普通，但组合在一起就是一个“狼”的团队，有狼一样的精神和气质：锁定目标，锲而不舍，不达目的誓不罢休。在黄海洲的团队里，他最看中的是一个名叫李军的人，也是重庆人，2004年应聘到黄海洲的企业里做推销员。李军和黄海洲当初到云南的时候一样，一无所有。但就是李军，让黄海洲不仅扩大了市场份额，也解决了牛源短缺的问题。2004年8月，李军提出要黄海洲赊给他价值20万元的火烧干巴，让他外出打市场。按照规矩，销售员必须要先垫付货款，才能拿货销售，只有800元的李军一开口就要赊销20万元的火烧干巴，而当时整个公司周转资金也只有五六十万元。面对如此大的风险，黄海洲有所犹豫。但是，为了开辟新市场，加上对员工的了解和信任，黄海洲毅然决定冒险。李军没有辜负黄海洲的信任，每天睡在地板上，靠一辆自行车走街串巷，挨家挨户地做地毯式的推销，非常艰辛，最终很圆满地完成了任务。

黄海洲的冒险，不仅让他赢得了市场份额，也让他更加重视营销团队的建设。一方面，黄海洲开始有目标地挑选团队成员，招收像李军一样来自农村、家境贫寒但有吃苦精神的人做自己的销售员。另一方面，黄海洲注重对营销人员的培训，从细节抓起，让销售人员带抹布定期到各个销售点，免费帮销售商整理货架、擦拭货品，与销售商建立起良好的关系。与此同时，黄海洲通过营销团队的细心服务、耐心沟通等，培养出了一大批忠诚的经销商。不到半年，黄海洲就利用30多个销售人员，让他的产品遍布云南各地。2005年，销售收入突破一千万元。2007年，销售收入突破两千万元，实现了企业的跨越式发展。随着市场占有率的扩大，黄海洲先后收购了3家火烧干巴加工企业，为他提供初加工原料，这彻底解决了黄海洲的双重危机。

之后的他，不仅重视市场份额和销售团队的建设，还视产品品质是第一生命力，在生产工艺上，不断引进先进的技术和管理经验，严把质量关，并把“做优质产品，树民族品牌”树立为傣旺人的经营宗旨。秉承着“以人为本、以诚待人、以质取胜”的经营理念，“诚实、守信、创新、发展”成了黄海洲跻身商海永恒的追求。

五、启示与经验

从一个带着40元闯荡云南的农村孩子，到现在成为一个创造数千万财富的企业家，黄海洲再一次向我们树立了农民成功创业的典型。但是，创业历程是艰辛的，黄海洲的成功绝非偶然。从黄海洲身上，我们可以看到某些素质或能力，在推动其成功创业方面起到了积极的作用。

（一）黄海洲具有敏锐的市场洞察力

很多资金不多的小创业者，都是依靠敏锐的洞察力准确抓住某个不起眼的信息而挖到“第一桶金”的。1997 年 5 月，黄海洲依靠积攒到的 6 万元钱起家。在随后的十多年时间里，他依靠抢占的商机，依靠过去跑销售的经验和积累的关系，把火烧干巴产品经营得有声有色。2005 年，销售收入突破一千万，2010 年，销售额突破四千万。黄海洲的成功，一开始靠的就是这种洞察力，挖掘出别人忽略的信息，并抓住商机，走在市场前面，从而获得丰硕的利益回报。

（二）黄海洲具有良好的心理品质和敢于冒险的精神

创业之路是艰险、曲折的，充满各种变化莫测的激烈竞争，会出现许多突发问题，这需要创业者具有非常强的心理调控能力，能够持续保持一种积极、沉稳的心态去应对各种变化。黄海洲就始终以一颗积极阳光的心态去面对各种挑战。面对创业初期启动资金的匮乏，黄海洲没有泄气，他克服各种困难，坚持 6 年时间，赚够了启动资金；面对原料、市场的双重危机时，黄海洲没有慌乱，他认真地分析情况，不断优化目标市场，适时调整营销战略，为企业的发展找到了突破口，实现了公司的跨越式发展。

（三）知人善任，打造学习型的团队

市场经济的竞争是人才的竞争，谁拥有人才，谁就拥有市场、拥有顾客。

一个创业者不吸纳德才兼备、志同道合的人共创事业，创业就难以成功。在流动资金不足的情况下，黄海洲敢于冒险让李军赊销货款开发新市场，也源于他的知人善任，对李军的品德、能力的了解与信任。与此同时，黄海洲还引进人才，有针对性地挑选自己的营销团队成员，打造了一个学习型的团队，这也是他能够迅速占领市场的重要原因。

（四）黄海洲具有勇于创新的精神

在竞争激烈的市场中，缺乏创新的企业很难站稳脚跟，改革和创新永远是维持企业活力与竞争力的源泉。没有创新精神，创办的企业就会没有“个性”特色，或在发展中停滞不前，在激烈的市场竞争中被淘汰。所以，创业者需要具有卓越的远见、超前的意识，以应对变化莫测的市场。黄海洲就具有这种破陈出新的变通能力。在其他企业都跟风模仿，开拓云南省内各大旅游城市时，黄海洲把目光转向了一些旅游并不发达的城市，并抢先占领了这些空白的市场。并且，黄海洲还在不断地创新企业的发展思路，将产品由单一的火烧干巴系列发展为包括牛板筋等在内的七个系列，并率先结合观光旅游来促进火烧干巴产业的发展。

（五）黄海洲具有卓越的领导力

“一头狮子领着一群羊，胜过一只羊领着一群狮子”，这一古老的西方谚语说明了创业者领导能力的重要性。企业成功离不开团队力量，更离不开团队的领导者。而对于一个新创办的企业，其创业者就是一面精神旗帜。创业者的领导能力，是凝聚员工的一笔“不可复制”的财富，更是初创企业生存和发展的关键。在员工眼中，黄海洲是一个称职的领路人，带领员工与时间赛跑，从细节做起，赢得了经销商的肯定与信任；在家人眼中，黄海洲也是一个极富责任感的人，在他的带领下，家人都在云南创出了一份事业；而在朋友眼中，黄海洲更是一个眼光独到、爱学习，且善于抓住机会的人。对创业者来说，注重培养领导能力远比积累财富更重要，因为财富可在瞬间赢得或失去，但领导能力永远是赢得未来的无形资本。

从总体上看，在黄海洲的创业过程中，一开始靠的是抢占先机，在别人忽视的项目中挣钱，并引领了一个产业的发展。等到大家跟风模仿时，黄海洲意识到，火烧干巴这样的休闲食品，竞争的核心不是消费人群的竞争，而是消费渠道的竞争。于是，他大胆地将一些没有资金、没有经验的人培养成自己的营销队伍，抢占市场份额，并通过服务，培养起经销商的忠诚度，为自己的企业赢得龙头的地位。后来，他又结合云南的旅游、民族特色，形成了自己的企业文化，这也就稳固了其在同行业中的龙头地位。对于黄海洲和他的企业而言，前行的路依然漫长，荆棘与光明同在，机遇和挑战共存，相信他会一步步走得更好、更平稳，企业也会取得更大的发展。

六、讨论思考题

1. 从案例中我们可以看出，黄海洲的创业过程并不是一帆风顺的。他在经营过程中遇到了哪些困难？进行了怎样的调整？有何效果？

2. 核心团队的建立对一个企业有何重大意义？假如你是一个企业的决策者，你会怎样组建高效、核心的创业团队？

3. 在黄海洲创业的过程中，团队是成功的重要保证，但也遇到了很多问题，你认为问题主要出在什么地方？

4. 团队如何适应新形势？你能给出好的建议吗？

5. 从黄海洲身上，我们可以看到某些领导者特有的素质或能力，在推动其成功创业方面起到了积极的作用。在这些素质或能力中，你认为什么对他的成功起到了最为关键的作用？

（本创业案例素材由德宏州农村劳动力转移办公室提供）

联盟发展　开拓市场

——云南鸣丰鹅业科技开发有限公司总经理沐晓伟的创业之路

一、教学用途

发展特色养殖业是广大农民最实在、最实惠，并且容易接受的创业致富之路。一个有价值的农业项目，应该有一定规模、有发展潜力、有市场效益、有特色。通过本案例，了解如何选择商机，开拓农业市场，为获得创业成功打下坚实基础。本文介绍了了解市场行情的途径、内容，及掌握辨识农业市场行情中有用信息的方法。

二、企业现状

云南鸣丰鹅业科技开发有限公司2007年投资150万元在富民县罗免镇者北村委会的河里村建养鹅基地，主营鹅养殖及产品销售。2007年创办云南鸣丰鹅业科技开发有限公司，大力引进国内外优质种鹅，2008年3月从省外引进朗德鹅、四川白鹅、莱茵鹅等优良品种进行杂交改良。目前，基地存栏朗德鹅、四川白鹅、莱茵鹅等优良种鹅6500多羽，商品鹅15000多羽，出栏商品鹅14万羽，计划繁育优良鹅种15万羽，销售鹅肉450余吨，带动农户1130户，年产值680万元，销售收入670万元，取得了较好的经济、社会、生态效益。养殖占地55亩，已建成育雏室3幢，中种鹅棚3幢，成鹅棚3幢，材料车间1所，员工宿舍1所，孵化室2幢，总面积2428平方米，现有种鹅6500羽，种植牧草180亩，运输车辆4辆，前期投资220万元。2009年被认定为昆明市市级农业产业化龙头企业。

2010年末，出栏无公害商品肉鹅13.5万羽，销售鹅肉406吨，辐射带动农户126户，开展培训班4期，培训140人次。实现人均年增收1645元，直接为社会提供就业岗位 38 人。经过三年多的努力，公司现在已经发展成为一个集种鹅养殖、鹅苗孵化、商品鹅销售，半成品加工的以基地带动农户的模式的产业链。沐晓伟先后获“云南省农村青年创业致富带头人”“昆明市杰出农村青年星火带头人”“富民县青年创业之星”等荣誉称号，担任云南省青年联合会常委、富民县鹅养殖专业合作社理事长、罗免乡人大代表等职。2010 年资产总额 820 万元，固定资产 343 万元，年产值 960 万元，销售收入 750 万元，实现利润 84.5 万元，带动农户 160 户，取得了较好的经济、社会、生态效益。

三、创业背景

（一）个人背景

沐晓伟，男，汉族，群众，高中文化，1983 年 8 月出生在富民县的一个农民家庭。现任云南鸣丰鹅业科技开发有限公司总经理；兼任云南省青年联合会常委；富民县鹅养殖专业合作社理事长；富民县种养殖行业商会副会长；富民县养殖协会副会长；罗免乡人大代表；第八届昆明市青年联合委员会委员。

（二）社会背景

中国是拥有最多鹅品种资源和最大鹅产品生产和消费量的国家。据中国畜牧业协会报告：2009 年全球肉鹅出栏量 6.47 亿羽，其中我国出栏量为 6.05 亿羽，占世界总出栏量的 93.5%；鹅肉产量约 148 万吨，占世界总产量的 94.36%，而欧盟占 2.56%，非洲占 2.18%。我国是名副其实的养鹅大国。我国虽然有着养鹅大国的称号，但大而不强，主要表现在生产方式比较原始，特别是种鹅的养殖大多以庭院农家副业方式完成，种鹅规模化养殖比例不超过 20%，肉鹅养殖也是以千家万户庭式小规模饲养为主流。这种小规模副业型养殖本身就决定了饲养技术粗放性和生产计划的盲目性，从而带来生产效率低下、产品整齐度差、产品竞争力不足、产销严重脱节、抗风险能力弱、利润微薄等一系列问题，这种混乱的养鹅局面势必造成养鹅业发展的不均衡。①

① 王来有．鹅产品种类及市场需求概况．中国畜禽种业．2011（8）．

四、创业过程

2002年到2004年间，沐晓伟先后在富民龙腾苑度假山庄和昆明市金鼎山金鼎宾馆的餐饮部工作，学到不少关于饮食方面的知识。2004年他经过了两年的打工生活，凭自己对餐饮的热爱和工作的关系，他掌握了餐饮市场的大量动态信息。对于富民这个餐饮文化历史悠久的地方来说，需要的不仅是色、香、味的视觉、嗅觉和味觉的感受；而且，在当今这个饮食文化也与时俱进的时代，人们更注重的是绿色生态。鹅是食草动物，属绿色无公害的食物，而鹅肉经过加工之后肉质鲜嫩，汤油而不腻，视之清澈见底，品之鲜美可口，让人回味无穷，如此众多的功效恰好符合了食客的需要。于是在当年的8月沐晓伟决定自己创业，创业初期开了一家清汤鹅餐厅，在开业的一年中，由于占有了市场优势赢得广大消费者的喜爱。

一年以后，他不再满足于县城的消费者，因为流动人口少、地方小和众多原因制约了经济的发展，于是他将眼光放到更远、更宽的市场——昆明。经过一番努力后，他在昆明的店开业了，依然是顾客盈门，可是他却发现了鹅市场潜在的变化。首先是市场上随着人们对鹅的认识越来越深，出现了市场供不应求的情况；其次，也发现了鹅供应市场的开发潜力，其中还有很大的缺口，而它的价值是非常可观的。

公司现拥有职工38人，其中，大专以上学历的7人，中专以上学历的10人，专业技术队伍稳定，所有员工都经过专门的技术培训，具有较高的工作热情和专业技术素质。公司自2008年3月创办以来投入人力、物力、财力开发农村肉鹅，引进良种进行品种选育，加强了兽医防疫和饲养管理、逐渐扩大饲养规模。创办公司当年出栏商品鹅8.5万羽，鹅肉销售240.3吨；销售收入480.25万元；实现净利润44.52万元；资产规模达172.2万元；净资产112.42万元，辐射带动农户68户，开展培训班2期，培训100人次。为扩大养殖规模，促进企业可持续发展，形成了一条较为完整的肉鹅饲养生产的产业链。

五、经验与启示

（一）了解市场行情，收集信息寻找商机

创业投资必须跑一跑市场，认真搞好调查分析和研究，从而选择自己准

备从事的产业项目，避免走弯路。可以亲自跑市场，也可以借助其他途径了解掌握农业市场行情，考察支持自己创业的市场条件是否已经具备，这些条件包括资金、场地、人员、技术以及市场需求和发展状况等各个方面。沐晓伟在选择创业项目之前，收集了大量市场的信息，并以前 4 年的工作经验为基础，对市场前景做了仔细分析。他发现，近几年我国养鹅业持续升温，发展势头强劲，鹅的市场需求也处于供不应求状态，年需求量在 8 亿 ~9 亿羽，市场发展潜力很大，可以说是形势一片大好。于是他想自己搞养殖来弥补这块市场的空缺。

在接下来的半年时间里沐晓伟几乎走遍了全国各地一些主要的鹅养殖基地，到山东青岛及省内的东川、通海等地做了实地考察，沐晓伟发现鹅的养殖前景是可喜的。经过对气候、地域、水源及农村广大土地牧草资源的实地考察研究，于是选择了位于 108 国道旁的罗免乡，也就是他自己的家乡，开始了他新一次的创业——发展林下养殖、果园养殖。经过努力，公司现在已经发展成为一个集种鹅养殖、鹅苗孵化、商品鹅销售、半成品加工的以基地带动农户模式的产业链。由基地向农村养殖户提供良好雏鹅、养殖技术知识和疫病防治知识、良种牧草种子，指导农户育成商品鹅，基地负责回收并组建市场销售网络，帮助饲养户走共同致富之路。

（二）扩大公司规模，收入大幅增加

一个有价值的农业项目，应该具有一定规模、有发展潜力、有市场效益、有特色。云南鸣丰鹅业科技开发有限公司采取“公司 + 基地 + 农户”的发展经营模式，由基地向养殖户提供良好雏鹅、推广无公害养殖技术，培训肉鹅的饲养管理和疫病防治知识。公司还为农户提供优良牧草种子，传授牧草栽培技术，指导和帮助养殖户进行无公害商品鹅饲养。公司按双方协议负责回收农户饲养的成年肉鹅。公司热忱服务带动农户，解决饲养过程中的技术问题，规避技术风险和市场风险。

（三）引进新品种，规范养殖过程

2009 年末，公司养鹅基地相继引进国内外优良的朗德鹅、四川白鹅、莱茵鹅等三个父母代种鹅 6500 多羽，进行品种选育和良种繁殖商品代肉鹅。在控制环境污染的前提下，严格按照农业部无公害食品生产标准组织肉鹅商品生产，年出栏商品鹅 10.8 万羽，鹅肉销售 300.24 吨，销售收入 661.3 万元，实现净利润74.34万元，资产规模达226.15万元，净资产165.8万元，辐射带动农户80户，开展培训班3期，培训120人次。2010年末，公司出栏无公害商品肉鹅13.5万羽，销售鹅肉406吨，年销售收入达950万元，实现利润85万元，公司资产规模达286万元，净资产189万元，辐射带动农户126户，开展培训班4期，培训140人次。实现人均年增收1645元，公司直接为社会提供就业岗位38人，取得了较好的社会效益、经济效益和生态效益。

企业建立健全和加强了社会化服务体系，热忱地为带动农户服务，解决农户在肉鹅养殖过程中出现的各种各样的技术难题。企业高度重视肉鹅品种的选择和筛选，践行着“种是物化了的科技”的理论，从肉鹅新品种引进，适应性饲养观察，不断筛选，不断总结，不断探索，经选育孵化后，再向带动农户供种，提供规范化的《肉鹅无公害饲养技术操作规程》指导和帮助农户饲养、认真搞好社会化服务，逐步形成了产、供、销一体化饲养销售网点。产品不仅占据了富民县禽蛋市场，还进入了昆明、开远、曲靖市场，成为富民县肉鹅规模养殖最大的企业。同时企业还通过提高产品质量来提升产品的附加值，用开展系列化服务来降低农户肉鹅养殖的技术风险和市场风险，解除农户的后顾之忧，树立养鹅致富的信心，调动农户养鹅的积极性，从而推动当地农村肉鹅产业的发展，带动农户走上了致富道路。通过公司的发展，在企业发展的同时实现社会、生态、经济三大效益的共赢，带动周边区域经济发展，帮助更多的农村富余劳动力就业，带动一部分人摆脱贫困奔向小康，为构建和谐社会贡献力量。

（四）掌握农业市场行情，提高市场份额

哪里有需求，哪里就有市场。近年来，企业克服了各种各样的困难，不断更新技术设备，全部实现封闭式规模化肉鹅健康养殖，肉鹅生产能力逐渐得到提高，养殖规模逐渐扩大。为适应生产形势的发展和市场消费需要，企业采用“公司+基地+农户”的经营管理运作模式，坚持“微利多销，诚信为根，质量为本”和“让利不让市场”的经营原则，逐渐扩大市场经营范围、提高产品市场竞争力，建立健全市场信息网络，不断增设营销网点，销售渠道较为畅通，现企业所生产的鹅，除供昆明地区的市场（家乐福公司昆明分公司的四家超市）消费外，还向餐饮业发展，迄今为止已发展花溪清汤鹅连锁店9家，其他地区销售已开始进入云南省玉溪、曲靖、楚雄、大理等

地销售。

六、讨论思考题

1. 请根据沐晓伟的创业过程，谈谈如何根据市场环境选择创业项目。

2. 如何理解“一个有价值的农业项目，应该具有一定规模、有发展潜力、有市场效益、有特色”这句话？

（本创业案例素材由云南农业职业技术学院教师杨芳提供）

昔日“打工妹” 今日“菇老板”

——记宣威市汇丰食用菌开发有限公司总经理张玉竹

一、教学用途

商机是能由此产生利润的机会，创业者要善于抓住机会，发掘创业机会的做法可以从日常生活中寻求潜在商机，或从消费者的意见和建议中寻求潜在商机，从重大事件中寻求商机，从市场的起伏涨落中寻求商机。本案例介绍了创业者应该如何抓住机遇，具备信息获取和处理能力，敏锐地洞察环境中的商机，形成创业行动。

二、企业现状

宣威市汇丰食用菌开发有限公司是专门从事食用菌（特色产品花香菇）生产、加工、出口的外向型民营科技企业。宣威市汇丰食用菌开发有限公司技术成熟，拥有香菇、花香菇、野生驯化大巴菌、黑木耳、松茸等40余个野生菌种品种的育种方法，并在台湾、温州、广州、深圳等市场设有销售点。公司综合宣威的气候特点、海拔高度等各方面的因素，选择了具有较高药用价值和食用价值的花香菇作为公司的特色产品开发并推广。同时，大量生产地方珍品鸡油菌、大巴菌、白牛肝菌等野生菌。公司成立于2001年6月，已有多年的食用菌人工栽培经验。注册资金510万元，总资产3386.22万元，其中，固定资产2179.60万元；有厂房44225平方米，其中，菌棒生产车间15790平方米，菇房22435平方米，其他用房6000平方米；有职工118人，其中，管理、技术人员15人。至今，公司共带动市内外5万多户农户从事花香菇种植，人均年均增收1500余元，户均年均增收4000余元，总产值接近2亿元。公司还对160户特困户给予重点扶持，帮助他们走上致富路；同时还为728名下岗工人实现再就业。现在公司的产品远销美国和加拿大，公司与外商签订的销售合同期限已由2006年延升到2015年，年供货1000吨。

公司产品的生产、加工、经营本着绿色、环保、节能的原则进行。自2001年公司成立开始示范栽培以来，不断借鉴外地栽培技术，充分利用宣威气候特点，查阅大量相关资料，分析整理数据，通过试验、示范，从中筛选出色、香、味俱佳的具有较高药用价值和食用价值的花香菇作为公司重点发展的生产项目。

2006年3月，公司被中共曲靖市委、曲靖市人民政府表彰为“2005年度农业产业化经营优秀龙头企业”；2006年4月，被云南省人民政府评为“云南省农业产业化经营优秀龙头企业”；2007年6月，被云南省林业厅认定为“林业产业省级龙头企业”；2006年7月，公司法人代表兼总经理张玉竹同志荣获共青团中央、农业部、教育部、科技部、劳动和社会保障部、国务院扶贫办、民进中央授予“服务农村青年转移就业先进个人”荣誉称号。同时，被云南省农村劳动力资源开发促进会办公室评为“云南省首届农村创业之星”，并荣获温家宝同志题勉“创业之星”奖牌一块；2007年10月，被曲靖市政府评为“农村劳动力转移就业创业之星”；2007年11月，被云南省委评选为“云南省第二届拔尖农村乡土人才”；2008年10月25日，荣获中国农村劳动力资源开发研究会、中国扶贫基金会、国务院发展研究中心农村经济研究部“创业之星”荣誉称号；2009年11月，荣获云南省第二届“兴滇人才奖”；2009年12月，获得云南省“三八红旗手”荣誉称号；2009年12月，又荣获曲靖市“三八红旗手”荣誉称号；2010年3月，获得全国城乡妇女岗位建功先进个人荣誉称号；2010年7月，当选为云南省农村农动力资源开发促进会常务理事。诸多荣誉，既是对公司的肯定和支持，更是对公司的鞭策和鼓励。公司在运行过程中成功地组织实施了“野生菌生产基地及厂房扩建项目”及“农业综合开发项目”等农村科技项目。

三、创业背景

（一）个人背景

张玉竹，女，汉族，1976年10月出生在宣威市贫困山区杨柳乡，是一个普普通通的农家女。云南广播电视大学宣威工作站2004级园林花卉专业毕业生，现为宣威市汇丰食用菌开发有限公司总经理。张玉竹作为宣威农村农业产业结构调整的“领头雁”，她常说她要活出自己的价值。她富了不忘家乡父老，而且具有“达则兼济天下”的品德。更为可贵的是，在云南三大经济支柱之一的烤烟越来越不景气，烟叶生产逐步紧缩，人们渴望进行农村产业结构大调整而又举步维艰的关键时刻，张玉竹的汇丰公司已形成“公司+协会+基地+农户”的经营模式，建立了与种植户“风险共担，利益共享”的联结机制，兴了一方产业，这正是张玉竹最大的贡献，也正是张玉竹卓越人生价值的体现。她也因此荣获省部级七项奖励，先后三次被评为市级、省级、国家级“创业之星”。2009年11月，荣获云南人才最高奖——“兴滇人才奖”。

（二）社会背景

随着人们生活水平的提高，追求健康饮食已成为一种趋势。食用菌是集营养、保健于一体的绿色、健康食品。食用菌不仅富含蛋白质、维生素，而且所含的生物活性物质如多糖类化合物等对维护人体健康具有更加重要的价值。食用菌作为纯天然食品，正越来越受消费者欢迎，无论城市居民还是农村居民，吃菇类菜肴已经成为一种习惯。目前世界各国的人均食用菌年消费量差别很大，发达国家食用菌人均消费量一般在每年2公斤~5公斤，而我国内地人均食用菌消费量在1公斤/年~1.5公斤/年，且主要集中在大中城市及经济较发达地区，随着生活水平不断提高，消费观念的改变和饮食文化的发展，食用菌的消费量也将越来越大。未来，食用菌产业必将打破传统栽培模式，形成以增强科技创新能力和标准化生产、行业龙头企业引领的产业化发展格局。

四、创业过程

由于家境贫寒，为减轻家庭负担，张玉竹初中毕业后放弃了上高中而选择读职业中学，以求尽快就业。职高卫生专业毕业后，在宣威城区一家私营诊所打工，月收入仅50元。3个月后，她只身一人到浙江市庆元县一家药厂打工。她打工所在地是中国著名的香菇生产基地。在那里，她看到城郊农民在地里、在房顶上都搭棚种香菇，倍感新奇。家乡的人都是种烤烟、苞谷、洋芋，为什么这里的人都种香菇呢？怀着好奇之心，她不断向当地群众和技术人员打听，原来香菇亩产值20多万元，经济效益之高，让她大吃一惊。她想，如果把这种技术学会并带回家乡，岂不是能让一大批人发财致富！之后，她白天在厂里干活，早晚到农户家帮忙，学习香菇种植技术。半年后，张玉竹终于掌握了香菇的种植技术。1995 年 9 月，她用打工挣来的 8500 元钱在当地租棚种起了香菇。她起早贪黑，按技术要领精心操作管理，仔细观察香菇生产状况，认真写好生产日记，记下感受和生产中需要解决的问题。一年后，在辛勤的汗水浇铸下，首次种植的 5000 袋香菇出棚，收入 6 万余元。成功的收获，让她激动不已。1997、1998 年，她把两个弟妹带到浙江，扩大香菇生产，通过两年奋斗，又获利 33 万元。1998 年 11 月，她又进入上海农科院食用菌研究院自费学习香菇育种技术，在一年的时间里苦攻了数十种香菇育种方法，并结合家乡的自然气候条件认真分析，牢牢掌握了技术要领。

掌握育种技术的张玉竹并未忘记家乡人的贫困，为了兴一方经济，富一方百姓，1999 年张玉竹回到宣威种植香菇。2000 年，杨柳乡 4 户农民在她的扶持下，每户种植花香菇 4 万袋，每户盈利近 3 万元。2001 年，她从浙江引进 6 套育种生产设备，注册成立了“宣威市汇丰食用菌开发有限公司”，建组培室 1 个，聘用培育技术员、生产技术员各 2 人，技术工人 14 人，公司业务迅速发展壮大。2002 年，公司与美国昌盛集团公司和加拿大德康实业有限公司分别签订 2700 吨干菇销售合同，合同期为 4 年。从此，宣威花香菇远涉重洋进入北美市场。

2004 年 9 月至 2006 年 12 月，张玉竹在云南电大宣威工作站园林花卉专业学习，在老师的帮助和自己的努力下，理论水平和技术水平得到进一步提升，她把所学技术应用到自己的产业，使自己的事业又有了新的突破。目前，张玉竹是宣威当地的农村致富带头人，在她及公司的帮扶下，很多农民都学习种植香姑，她开创的事业不但为家乡人民造福，而且还带动了周边州县的百姓种植她培育的香姑，她创办的企业带动 5 万余农户增收，帮助 600 多名下岗工人实现再就业，帮助 130 余贫困户脱贫，越来越多的人享受到了这位女民营企业家开创的事业所带来的福利。现在，她种植的香菇已远涉重洋进入北美市场。她本人曾荣获省部级七项奖励，先后三次被评为市级、省级、国家级“创业之星”。

付出就一定会有回报。张玉竹辛勤的汗水、机敏的头脑和正确的决策终于结出了硕果。至 2007 年底，公司总资产达 2618 万元，创产值 9100 万元，实现销售收入5408.3万元，创利税456.5万元；带动市内外4万多农户户均增收4200多元，人均增收1500多元；又帮助632名下岗工人实现了再就业；帮助130多户贫困户实现了脱贫。她开创的事业不但为家乡人民造福，而且还为马龙、宁洱、澜沧、寻甸、盐津等县的百姓造福，越来越多的人享受到了这位女民营企业家开创的事业所带来的福利，“百花齐放春满园”的共同富裕的局面正在逐步打开。

五、经验与启示

（一）把握商机，做到人无我有

搞农业，最怕一哄而起，盲目跟风。只有通过独特创意，开发“人无我有，人有我精”的特色农业，才对农民致富增收有意义。创业者需要具有把握新商机的敏感性、迅速行动和适应变化的能力。今天是竞争激烈的时代，把握商机后要有迅速行动的能力，否则市场就会被其他的创业者所占领。

香菇栽培中，菇场的选址、日照状况、温差变化和温度高低、温差都直接关系到菌丝体的生长发育和产量高低。我国香菇栽培最早是浙江的龙泉、庆元和景宁一带。张玉竹在杭州掌握了香菇培育生长的规律后，看到云南很少有人种植香菇，于是根据宣威当地的气候和土壤实际，培育出了适合宣威当地的花香菇良种。经过其不懈的努力，若干次的选种试验，终于培育出了适宜宣威气候条件、花纹深、肉质厚的优质香菇品种。香菇栽培项目不仅建设周期短、投产快、风险小，适合集约化、规模化生产，而且香菇栽培技术简单，宜于操作（主要是掌握好菌棒生产、棚内的温度、湿润度及适当的采光度即可），低投入、高产出、投资回报率高。因此，宣威市汇丰食用菌开发有限公司能够在短时间内占领市场，并取得了不错的经济效益。

（二）“基地联农户”模式，扩大规模和市场

为促进宣威方兴未艾的花香菇产业的飞速发展，公司又引进草秆、玉米秆等农产品副产物为原料栽培香菇的技术，此举大大提高了资源利用效率，解决了菌、林矛盾，扩大了生产空间。近几年，公司还对农户无偿提供设备共19套，价值72万元；无偿开办栽培技术培训班16期，年培训人员达3000多人次。格宜有一家农户，在汇丰公司的帮助指导下，建菇棚30个，共投资100多万元，种植菌棒30万袋，创产值500多万元。宣威浦山农业村委会，

已有10户农民在汇丰公司的帮扶下建成了栽培基地，共投资43万元，采用“基地联农户”的模式，建大棚22个，引进菌棒11万袋，仅第一批菌棒收入就达66万元，利润达33万元。时至今日，张玉竹旗下的“汇丰食用菌开发有限公司”已在宣威市的双龙、宛水等16个乡镇（街道）建成基地21个，成立分公司4个。

在市场方面，国内，汇丰食用菌开发有限公司推进品牌化市场营销，借助中国食用菌协会示范企业和国家有机产品声誉，打出自己的品牌，扩大企业声誉和知名度，积极争占市场，开拓市场，确保菇农产品以全国平均价回收并及时兑现销售货款，确保产得出、销得动、无积压。国际上，公司与美国、加拿大公司签订销售合同，合同期限已由2006年延长到了2015年，年供货量为1000吨。

（三）积极发展深加工，创造更多商机

随着人们对香菇营养价值认识的提高，香菇的深加工成为产业发展的必然趋势。之前，汇丰食用菌开发有限公司主要是生产整菇，即按照个头、质量分等级进行销售。再后来，企业根据需求商的要求，分成大、中、小袋包装。不过，这些仍是浅层次的粗加工，没有多少技术含量。

做企业必须要研究消费者的行为变化，公司根据市场调研结果，找准客户需求，逐步开发出了菇丝、菇片、菇粒、菇丁、菇粉等多种产品，附加值比整菇提高5%～10%。农民种植的香菇最终还是要卖到市场上去，市场价格上不来，他们的收入就无法提高。而要提高收购价格，就需要公司开发出高附加值的产品。近年来，张玉竹引进香菇提取香菇多糖技术，下一步，公司准备投资成立食用菌研究中心，给菇农提供优质菌种，同时加强对香菇产品的深加工研究，在原有基础上创造更多商机，增加收益。

六、讨论思考题

1. 结合张玉竹的创业过程，谈谈如何根据市场行情，抓住商机，紧跟市场搞种养。

2. 如何选择创业项目，提高创业成功的几率？

（本创业案例素材由云南省农村劳动力资源开发促进会提供）

规模化种植　打造绿汀品牌

——记石林绿汀甜柿产品开发有限公司总经理梅为云

一、教学用途

随着我国现代农业的快速发展，家庭联产承包经营与农村生产力发展水平不相适应的矛盾日益突出，农户超小规模经营与现代农业集约化生产之间的不相适应越来越明显。我国农户土地规模小，农户经营分散、组织化程度低、抵御自然和市场风险的能力较弱，很难建立起现代农业。规模农业便于集中有限的财力、人力、技术、设备，形成规模优势，提高综合竞争力。因此，进行规模化生产成为农业创业的重要选择项目。本案例介绍了联合多家农民共同从事规模种植，通过专业合作社的形式扩大生产、开辟市场，规模是产生效益的必要条件。

二、企业现状

石林绿汀甜柿产品开发有限公司正式注册成立于 2003 年 11 月（其前身为石林绿汀甜柿产品开发园），是集甜柿生产、科技示范、研发、精深加工、贮运、保鲜和营销为一体的私营企业，是云南省级、昆明市级和石林县级重点龙头企业。发展至今，拥有两个有机甜柿生产示范基地、一个品种园基地，共计 550 亩、13000 平方米的加工厂、冷藏保鲜库和年分选 5000 吨甜柿的自动化分选线，带动全省农户 3 万余户发展规模化种植。公司还与国内外院校和科研机构合作，以柿子和其他环保材料为原料制作环保型涂料，它不含任何有害物质，不仅防水、防腐、杀菌、除臭，还能根据用途调控强度和颜色。公司取得了独立进出口资格，对基地和加工厂进行了出口备案，通过了 HACCP 食品安全质量管理体系认证。

公司及其“绿汀”牌甜柿系列产品荣获多项荣誉：产品获“’99 中国昆明世界园艺博览会银奖”“2005 年首届昆明国际农业博览会优质产品银奖”“2007 年第三届昆明国际农业博览会优质产品金奖”“2009 年全国第四届柿子和科研进展研讨会十大优质产品奖”。2007 年以来，“绿汀”商标先后被评定为“昆明市知名商标”和“云南省著名商标”，产品先后通过国家无公害、AA 级绿色、有机食品认证。公司先后被列为“全国科普惠农兴村计划先进单位”“第一批共青团青年就业创业见习基地”“云南省农村劳动力转移就业培训基地”“云南省 100 户农产品加工重点企业”和“昆明市科技示范园”等。

公司以带动农户发展甜柿产业、保护改善环境、实现低碳循环经济为目标，实践“龙头企业 + 基地 + 农户 + 协会 + 党团支部”的运作模式，本着以人为本、科学发展的原则，不断研发创新，并致力于世界领先相关技术和高科技产品的引进应用及推广。目前，公司主要产品有“绿汀牌”有机甜柿鲜果及“柿成牌”柿叶茶、柿叶粉、柿子糕、柿子干等。

三、创业背景

（一）个人背景

梅为云，男，1969 年 10 月出生于石林县一个普通农村家庭，现任石林绿汀甜柿产品开发有限公司总经理、石林绿汀甜柿产品开发协会会长，被评为石林县科技特派员、昆明市中青年学术和技术带头人后备人选、石林县政协常委，“全国农村青年创业致富带头标兵”“昆明市劳动模范”、昆明市“五十强”农技协、“十佳创业之星”、石林县有突出贡献优秀专业技术人才、高级农民技师，获得第一届“云南青年创业省长奖”荣誉。开发经营的“绿汀”甜柿品牌被评为云南省著名商标、云南省名牌农产品、昆明名牌产品等。

（二）社会背景

农业是国家的根本，但一般的粮食种植又不能让广大农户有较大幅度的增收，因此，农业结构调整、加速推进农业产业化进程就势在必行。而推动农业产业化经营、深化农业结构调整的关键在于搞好农村种植业的产业化。这就要求农产品要努力实现从数量型向质量型转变，从小型分散向规范化、基地化发展，从粗放型生产向集约化方向发展，让这些产业上规模、上档次、上水平，提高产品附加值和知名度，增强产品竞争力。

特色种植产业良好的发展前景，已经成为受关注的潜力产业，不少种植户因为看重特色种植的经济效益，纷纷加入到特色种植大军中来。现在特色种植业发展也追求规模效应，统一管理，生产中也更加注重提升科技含量。特色种植业的有效发展，必须重视产品的深加工增值和综合利用。当前，特色产品正逐步被开发并走向市场；同时，很多农牧民群众也因此走上了富裕之路。实现种植效益最大化，有效推动了特色种植产业经营收入的增加。

四、创业过程

甜柿是石林县农牧局最早于1987年从日本引进的第一批品种，甜柿的“与众不同”引起了梅为云极大的兴趣，通过查阅国内外大量有关甜柿的资料，发现甜柿树全身都是宝，可开发价值极高。果子本身含有丰富的维生素，营养丰富，常吃可软化血管，预防心脏动脉硬化，被誉为最有益心脏健康的“水果王”。还可加工做柿子酒、柿丁脯等20多种加工产品；萼片可做中药；叶子含丰富的天然维生素C和黄酮等，可做成柿叶茶；生长过程中被大量疏掉的青果及落果可利用做成价格昂贵的环保生态漆——柿漆；青果中的单宁可提炼做化妆品原料和柿涩饮料；从叶子里提取的柿叶黄酮不仅可做天然食品着色剂，还具有药用保健功效，可利用作为药品的原料。

正是看到了甜柿潜在的、可延伸的巨大产业链前景，1988年梅为云将50亩载种多种品种的果园全换成了甜柿，并注册成立了个人独资企业石林绿汀甜柿产品开发园，经过几年的种植和发展，2003年注册成立了绿汀甜柿公司，专业从事甜柿生产、科技示范、研发、精深加工、贮运、保鲜和营销，发展至今拥有出口备案甜柿基地550亩，出口加工厂房13000平方米。2004年由梅为云牵头成立了石林绿汀甜柿产品开发协会，并被推选为会长。在梅为云的带领下，协会被评为“云南省百强农村专业技术协会”和“昆明市20强协会”，带动农户发展甜柿种植基地20000多亩，带动农户会员1815户。在2004年以前，种甜柿的农户都是自种自销。为了尽快脱手，农户彼此间还互相压价，形成小范围的恶性竞争，而遇到大客户，又往往因货源不够而失去合作机会。看着果农们“自相残杀”，梅为云心里很不是滋味。梅为云认为农民要致富，就应该掌握说话权，要掌握说话权，就必须联合起来，走统一发展的路子，单打独斗成不了气候，最终都会被市场淘汰。于是就动了大家联合的念头，开始挨家挨户上门做宣传，动员联络农户。

在创业过程中，梅为云爬山进村，测量海拔是否在栽种甜柿的适宜范围内，并检测土壤 pH 值、测定土壤肥力等，采取种苗优惠供应，甚至免费的方式，发动群众种植甜柿，带动农户走致富之路。

一路走来，石林甜柿自 1987 年、1988 年引种至今，通过公司多年的努力，初步形成了“三驾马车”拉动甜柿产业的局面。第一驾“马车”——甜柿出口鲜销；第二驾“马车”——甜柿小果深加工利用；第三驾“马车”——石林甜柿叶的深加工利用。“甜柿叶的深加工利用”是拉动石林甜柿产业链和带动农户增加附加值的最大一架马车。近三年来（2009—2011 年）云南大部分地区都遭遇了干旱，石林县是典型的喀斯特地貌，属严重干旱地区，部分山区连人饮水都要靠政府的送水车来维持。干旱造成甜柿大量落花落果，果子减产 2/3 以上，虽然果子减产，但是叶子却不管是干旱与否都会长出大量密集的枝叶，农户还可以靠春夏季修剪下来的叶子做成茶来增加收入以维持正常的管理。公司收购农户甜柿鲜叶的单价为 5 元/公斤，每亩能采摘 400 公斤左右，每亩农户可以增收 2000 元。

五、经验与启示

（一）依托协会，扩大种植规模

梅为云认为农民要致富，就必须联合起来，走统一发展的路子，单打独斗成不了气候，最终会被市场淘汰。2004 年梅为云联合 218 户甜柿种植户，牵头成立了石林绿汀甜柿产品开发协会，梅为云担任会长，协会成员以农民为主体，最终走上了建协会、创品牌、闯市场、带农户、建产业、增效益的路子。梅为云通过采用“龙头企业 + 基地 + 农户会员 + 协会”的运作模式，有效保障了农户种植甜柿的产前、产中、产后的技术和利益问题，会员依托协会组织学科技、用科技，把甜柿栽培管理先进技术有效运用到生产实践中。在梅为云的带领下，协会会员的产品在包装上统一使用绿汀公司的“绿汀”“阿诗玛”“柿成”等商标和网络实名，以及国家认证的无公害农产品、有机食品、AA 级绿色食品等标志，实现了资源共享。实行统一品牌（使用绿汀商标）、统一分级包装、统一定价、统一销售后，一般好果从原来的每公斤3～4元卖到了6元，当年共销售甜柿100多吨，销售收入达60多万元，农户平均每亩收入5000～7000元。由于统一定购生产资料，因此，生产甜柿的成本低、投入低、产出高。经过全体会员的共同努力，协会先后荣获了“昆明市农村专业技术协会先进集体”“昆明市二十强协会”和“云南省百强农村专业技术协会”等荣誉称号。

（二）普及技术，共同富裕

在推广甜柿种植时，梅为云针对农民经济条件差、技术水平低、种植和管理方面不科学等实际情况，把培训教学的课堂搬到了农村去，在各村委会、村组长的积极配合下，集中农户就地培训。梅为云培养了一支由10人组成的技术服务队，深入农户田间地头进行甜柿种植技术手把手指导，同时把自己精心编制的栽培技术手册发放到农户手中，并多次利用晚上的时间，带上多媒体设备，到农户村寨讲解甜柿市场前景和栽培技术。由于农民们白天多半都忙于地里的活计，只有晚上有空闲，于是便事先跟村小组组长约定好时间，由村小组长在广播里通知村民们具体的培训时间和地点。到后来，只要一有培训，村民们就早早地集中好，等候培训学习。如今，在各级党委、政府和各有关部门的关心支持下，梅为云建起了能容纳200人的专业多媒体培训教室。自2005年至2012年，共培训农户145场（次）共13400人次，发放甜柿栽培管理技术手册近16700份。通过培训，使甜柿果农的栽培管理水平得到了很大的提高。此外，梅为云本人还亲自到示范户会员田间地头指导甜柿生产，送药上门共100多户（次）。对有困难的农户会员采取帮、扶、免、优政策，对残疾人会员采取免一亩甜柿苗的方式进行扶持，共赠送残疾人甜柿苗1601株，价值16010元；对相对连片的农户会员和资金困难会员采取种苗优惠或免费的方式进行扶持。梅为云聘请了云南农业大学的教师前来授课。通过多种方式的培训，充分调动了农户的积极性，有效提高了他们的种植管理水平，同时培养了一批农村乡土人才，增强了农户学科学、用科技的意识。

针对农户在实际操作中存在的诸多问题，梅为云指派了技术服务队，深入到农户的田间地头进行现场多样性的培训指导，解决农户栽培管理过程中的疑难问题，并当场做示范，分析问题根源。对一些新会员，则从最基本的果树生长原理讲起，教农户关键的栽培管理技术和有效防治病虫害的技术。

梅为云把自己积累总结的栽培管理经验做成技术手册免费发放给农户。在培训的过程中，技术人员还指导农户学会使用技术手册，熟练掌握科学的种植和管理方法，最终实现种植甜柿增收致富的目标。

（三）示范科技，延伸产业链

梅为云创建了甜柿科普示范种植基地，进行示范推广，“以点带面，榜样示范”建设了甜柿科普展示厅、科普宣传栏，在示范基地先后开展了“日本甜柿规范化栽培及采后商品化处理技术示范”“石林县进村入户科技示范工程”“云南出口型甜柿产业化开发”等多个科技项目，取得了较好的实验示范效果。绿汀甜柿公司与南京农业大学签订了科技合作协议，对甜柿缺陷、大小与分级、颜色的检测进行研究。2009 年建成了年分选 5000 吨甜柿鲜果的计算机自动化分级生产线，实现了甜柿采后自动化无损检测分级，误判率小于5%，极大提高了甜柿的分级精确度和生产效率，分级定价销售使甜柿在出口时获得了高价格，增加了甜柿的商品经济价值和出口创汇的收入。

在多年的经营过程中，梅为云带领农户按规模化和标准化发展甜柿产业，2008 年自主出口甜柿鲜果，打破了石林县进出口贸易史上“零”的纪录，除了出口甜柿鲜果外，还利用甜柿种植过程中的副产物开发了石林甜柿叶茶、甜柿叶粉、甜柿干、柿子糕等产品，延伸了甜柿产业链，增加了农户种植甜柿的附加值，实现了环保、节能和循环利用，由于带动性强，石林县委、县政府把甜柿产业作为石林带动农户增收致富的特色产业来发展，2009 年，石林县农林局已在农业部备案了 3 万亩“石林甜柿”地理标志，登记证书编号：AGI00151。

（四）立足科研，不断创新

经过多年的引种观察与探索和研究，梅为云总结出了甜柿栽培管理技术操作规程，编写了《无公害甜柿生产技术操作规程》《甜柿定植技术操作规程》《甜柿嫁接技术操作规程》《有机甜柿栽培管理技术操作规程》《云南出口型甜柿栽培管理技术操作规程》《云南出口型耐贮运无公害甜柿节能栽培管理技术操作规程》等甜柿栽培管理技术操作规程系列手册，以及《甜柿病虫害防治技术》《甜柿冬季白涂剂的配制及时雨》《甜柿整形修剪技术》《甜柿成熟度的确定及采收标准》《提高农民组织化程度及素质教育》等甜柿栽培管理技术系列手册，并发放给甜柿种植户学习使用。

2008 年 7 月申请获得了柿叶茶包装盒外观设计专利，专利号：ZL200730109156.4；2009 年获得一项实用新型发明专利“新型水果包装保护垫”，专利号：ZL200820228929.X；2010 年 2 月获得一项实用新型发明专利“新型水果包装箱”，专利号：ZL200820228929.2；2009 年制定了昆明市地方农业规范《石林县无公害甜柿（次郎）种植综合标准》，备案号：DG5301/T6－2009；2010 年主持完成了国家级农业标准化示范区“甜柿种植标准化示范区”项目的建设。

六、讨论思考题

1. 结合梅为云的创业过程，谈谈特色种植业规模化经营的优势。
2. 如何利用协会实施规模化种植？

（本创业案例素材由云南农业职业技术学院教师谭琳提供）

第二部分

政策利用篇

竹林深处创业忙

——盐津津华竹产业专业合作社理事长张仁杰创业事迹

一、教学用途

本案例适用于在对政策环境分析的基础上，创业者如何把握好优惠政策而做出相关的创业项目选择，及其在企业的发展过程中如何利用好政策以支持企业更好地发展。教学目的在于帮助创业者在创业过程中通过对惠农扶持政策进行正确和有效的学习和使用，以促进农业产业结构调整和企业科学地发展，解决当地就业，拉动经济增长。

二、企业现状

2008 年 3 月，盐津县的当代知识青年张仁杰通过对农村经济进行调研，大胆探索，敢于创新，牵头组建成立了“盐津津华竹产业专业合作社”。合作社现已有社员 4332 户、覆盖滩头、普洱、中和、落雁等村落的村民小组 14622 人。三年来，合作社以竹子为链条，外连市场、内连农户，以原竹生产、竹木制品加工为主，较好地实现了“生态良好，农民增收、合作社受益”的发展目标，促进了生态、经济、社会的良性互动，走出了一条小资源、大产业的农业产业化发展之路。

到 2011 年，津华竹产业专业合作社有管理人员、技术工人和管护人员 430 人，已建成丰产高效竹林基地 21341 亩，拥有了厂房 1500 平方米、料场 4000 平方米，配备了竹削片机和带锯机床等机械设备，可年加工竹材 5 万吨、木材 1 万立方米，年产值达 1300 万元，资产总额达到 5090 万元，吸收就业人员 415 人。2010 年，合作社总收购竹材 20081 吨，农户销售原竹收入 800 多万元，合作社销售收入 967 万元。

合作社的工作受到了省、市、县各级政府的肯定，在全县第三批深入学习实践科学发展观活动中，被中央、省、市主流媒体采访、宣传报道。2008、2009 年度县政府连续两年授予合作社“特色农业奖”；2010 年 6 月合作社理事长张仁杰被国务院授予“全国创业之星”荣誉称号，并受到回良玉副总理的亲切接见；2010 年 10 月合作社又被昭通市林业局评为“市级林业龙头企业”；2011 年张仁杰获得第一届“盐津青年创业县长奖”。

三、创业背景

（一）个人背景

现年不到 40 岁的张仁杰，出身于农民家庭。1990 年走出学校大门后，投身于社会，在大千世界中找寻放飞自己的发展空间。他吃苦耐劳，追求上进，曾经先后从事过工程承包和靠打工挣钱，然而成功往往是在很多次失败后才姗姗到来，张仁杰也不例外，从业之初并没有获得成功。2002 年，张仁杰来到大理市宾川县有机肥料有限公司，从事肥料推销工作，由于他真诚待人，踏实工作，为自己赢得了良好的口碑，很多村民都愿意通过他来购买肥料。经过努力，他已经积累了一定的资金。到 2006 年年底，因有机肥料市场疲软，销路出现困难，他选择了回到家里寻求其他的经济发展门路。

（二）社会背景

早在 2003 年，当时的省委书记白恩培到林业厅调研，就提出“生态建设产业化，产业发展生态化”，对林业体制改革、机制创新提出新要求。接着从 2004 年到 2007 年，云南省提出了一系列关于集体林权改革的措施及与之相关的意见，且近几年盐津县滩头乡党委政府也出台了调整产业结构的政策，大力倡导发展竹产业，这给政策下的创业者提供了一个很好的机会。

对于滩头乡来说，这里的六个村子都是典型的山区地形，大多数土地坡度较大，农作物种植难度大，效益低。加之部分轮歇地，宜林荒山荒地都未充分利用，即便是有些土地栽种竹子，低产也是家常便饭。正是基于这样的背景，张仁杰选择了他的竹林深处的创业之路。

四、创业过程

有一句诗是这样形容翠竹的：细细的叶，疏疏的节；雪压不倒，风吹不折。竹子是傲骨的，不管遇到多少的风吹雨打，都会坚强地屹立着。而对于张仁杰来说，创业的路虽然也是风吹雨打，坎坷不平，但是他并不孤单，因为他有当地党委、政府的支持，有县政府、林业局、科技局、产业办等单位的大力帮助。且早在2003年，胡锦涛同志就提出了科学发展观，即“坚持以人为本，树立全面、协调、可持续的发展观，促进经济社会和人的全面发展”，号召全社会为着小康目标而奋斗。

十几年的打工生涯，张仁杰已经积累了一定的资金。他回到家乡后，抓住国家惠农扶持政策，将务工所积累的40万元资金，连同借贷的60万元资金，于2007年全部投入组建盐津津华竹产业专业合作社，修建厂房，购买机械设备，并于2008年3月正式投入使用。恰逢该年7月，国家出台了《中共中央 国务院关于全面推进集体林权制度改革的意见》（以下简称《意见》），主要包括了明晰产权、放活经营权、落实处置权和保障收益权，以确保农民获得林地承包经营权和林木所有权后，能依法实现自主经营、自由处置、自得其利，为农民经营林业提供制度性保障。这就为张仁杰的竹林创业的顺利展开起到了保驾护航作用。仅两年多的时间，他带领16位管理人员，勤奋工作，不断创新，合作社呈现出好的发展态势。

合作社成立以前，当地的原竹最初销售至四川高县、宜宾、筠连或绥江县。竹材收购也只限于冬季，且长途运输费用高，竹材销售难、运输难、价格低、积压多，严重影响了林农的生产积极性，加之分散的竹林生产，阻碍了竹产业的发展。而现在，合作社通过“两种模式”“三种方式”建成了丰产高效竹林基地6341亩，改造低产竹林4740亩。

“两种模式”即“合作社+基地+农户”和“支部+协会”。2009年，合作社以比周边市场高出40元的价格共收购竹材20081吨，每吨收购价为340元，农户实现原竹销售收入682.75万元，社员领取二次返利平均9200元。此外，通过对竹削片的加工，提高了竹材附加值，增加了竹农收益。就在该年9月，中央提出了面向西南开放、实现睦邻友好的桥头堡战略，抓住这一战略契机，通过当地政府争取国家的政策资金投入，无疑对企业的发展壮大提供了坚实的资金后盾，同时也达到“做特集镇，做亮村寨”的双赢目标。在深入学习科学发展观实践活动中，界牌村党总支又在合作社内成立了津华竹业党支部，采用了“支部+协会”的生产模式，该模式主要从以下几个方面着手进行：一是抓管理，支部“一把手”负总责。在党支书兼理事长张仁杰的高度重视下，党支部坚持把党组织建设的各项工作落到实处；二是抓发展，努力壮大党员队伍；三是抓动员，夯实共同发展的思想基础；四是抓学习，提升干部职工队伍素质；五是抓承诺，真抓实创树立形象。充分发挥党员的先锋模范带头作用，带领帮助群众发展竹产业，争创一流企业。在党支部的带领下，界牌村竹林管护到位，竹子种植面积大幅度增加。特别是在2010年的抗旱保苗工作中，津华竹业党支部的7名党员历时43天，用乡政府提供的2台发电机沿关河两岸抽水浇苗300亩，确保了在大旱之年关河两岸新造的300亩竹林成活率达到了85%。这样的模式不仅确保了林材的销售，还确保了林材的最低保护收购价，给林农吃上了“定心丸”，增强了林农发展竹产业的信心和决心，生产积极性大大提高。

“三种方式”经营：一是有偿流转。即合作社充分利用农户提供的闲置土地，投资栽培丰产高效杂交竹林，每亩每年给农户150公斤原粮的转让费，并吸收农户为合作社社员，享受二次返利。《意见》规定：“林地的承包期为70年。承包期届满，可以按照国家有关规定继续承包。”这是目前我国土地承包政策的最长年限，完全符合林业生产周期长的特点，充分表明党在农村的基本政策不会动摇，给农民吃上了长效“定心丸”。《意见》还规定：“实行商品林、公益林分类经营管理”，“对商品林，农民可依法自主决定经营方向和经营模式，生产的木材自主销售”。即对林地要种什么树、单独经营还是合作经营等经营模式，享有生产经营自主权。2008年，合作社投资54.55万元在滩头乡以土地流转方式营造竹林基地1211亩，吸收社员149户。二是入股分成。2008年，中国共产党的第十七届中央委员会第三次全体会议审议通过了《中共中央关于推进农村改革发展若干重大问题的决定》，其核心内容是按照科学发展观的要求，深化改革，创新发展，走现代化农业发展的道路，推进社会主义新农村建设。合作社充分贯彻了本次会议的精神，采取农户以土地作为资产入股分成的方式，合作社投资栽植和管护，投产后合作社负责收购，加工和销售，所得利润农户占50%，合作社占50%。在2009年至2010年，合作社共投资217.59万元，营造5130亩竹林基地，吸收社员861户。三是承包管护。农户提供现有低产竹林，合作社投资改造并制订竹材最低保护收购价300元/吨，投产后按农户占80%、合作社占20%的比例分成。并吸收农户为社员，享受二次返利。2008 年，合作社在滩头乡承包管护低产竹林 4740 亩，吸收社员 322 户 。通过以低成本的改造，滩头乡快速扩大了竹林基地规模，提高了竹林单位面积产量，加快了竹产业发展进程。可见，在企业的发展过程中，政策性的制度保障以及惠农政策的支持，推进了农村产业结构调整的顺利进行，促进了竹产业的集约化和规模化发展。

一节复一节，千枝攒万叶，这是对张仁杰创业路程的最好诠释。合作社要不断地攒万叶，就需要有强大的发展资金做后盾。作为理事长的他采取了融资入股的方式，筹集了资金 500 万元以扩大厂区建设；同时，与四川永丰纸业有限公司的原竹购销合作，由于路途遥远，成本高，造成广大竹农卖竹难、经济效益低的局面。于是，合作社根据发展需要，在盐津县境内建立了竹产品加工企业，由此带动当地民工 110 人进行竹材加工和木材加工。合作社已形成以原竹生产、竹制品加工和木材加工为主，同时对竹材进行收购的综合性合作社。

合作社的成长和发展离不开一个好的公司制度环境，完善的规章制度有利于合作社走得更远，变得更强。目前，合作社已经形成较为规范的制度，建立了《盐津津华竹产业专业合作社章程》《盐津津华竹产业专业合作社规章制度》《盐津津华竹产业专业合作社财务管理制度》等制度。回首来路，坎坷艰辛；展望未来，任重道远，合作社规划到 2016 年，实现竹材收入 2160 万元，社员收益 1800 万元，合作社净利润 207 万元，解决农村劳动力转移就业 1000 人，创税 270 万元。同时实现竹产品的多元化发展，如实现对竹集成材、竹装饰材、竹材家具、竹笋、竹化工等产品的开发。

五、经验与启示

（一）把握好国家和当地政府的相关政策是创业成功的关键

企业的创业过程需要把握好优惠政策所提供的制度保障和支持，在合法经营的基础上，自主和灵活经营，才能使企业健康、稳定地成长。正如盐津津华竹产业专业合作社利用集体林权制度改革的惠农政策，采取了有偿流转和入股分成的方式，灵活经营，为自己赢得更多竹林基地和发展资金，做大做强企业。

（二）充分吃透和利用好政策，为企业保驾护航

对优惠政策的正确把握需要进行深入地学习，才能为自己所用，最终才

能对企业的经营管理提供更广阔的思路。本案例中采取的“支部＋协会”模式，就是在深入学习科学发展观实践活动的基础上提出的。

（三）认清形势，把握好政策和市场机遇

惠农扶持政策和农村经济特点为企业最初创业项目的选择提供了指导，创业者对优惠政策所提供的机遇理解越深入，对农村经济特点认识越清楚，企业创业就越可能成功。邓小平曾说过，“中国式的现代化，必须从中国的特点出发”。党的十七届三中全会正是基于我国的特有国情，出台了一系列解决“三农”问题的优惠政策，而津华竹产业专业合作社正是在这样的背景下诞生的，它不仅是我们积极应对国际金融危机中返乡人员农村创业的榜样，更是农村集体经济建设，山区产业结构调整的一个典范。相信，在这样的优惠政策环境下，通过合作社全体员工的努力，合作社定会达到社“强”民“富”的目标，从而促进经济社会的和谐发展。

六、讨论思考题

1. 本案例中，张仁杰是采取何种经营模式和管理方式实现农业产业化的？

2. 创业项目的正确选择对企业创业的成功至关重要，本案例中，张仁杰的创业项目是基于什么样的背景产生的？

3. 如果你是张仁杰，结合国家提出的桥头堡战略，今后应如何把竹产品销售至国外？

（本创业案例素材由昭通市人力资源开发办公室提供）

从打工仔到总经理

——西畴县土生金林果专业合作社总经理张玉周创业之路

一、教学用途

本案例适用于创业过程中的政府政策信息的搜集和利用，教学目的在于帮助创业者明确在各项政策的实施过程中如何找准创业的方向，如何利用政策优惠措施的支持进行创业活动，更好地满足市场需求。

二、企业现状

西畴县土生金林果专业合作社成立于2008年，位于莲花塘乡，是以林果研究、开发、种植、加工、销售为一体的民营企业，合作社现有股东8名，通过股东联系，已有108户农户参与合作社。

合作社在该乡种植中华冬桃1200亩，经过4年抚育期，从2008年开始逐渐进入盛产期，预计每年可产鲜桃60万公斤，实现销售收入300万元，纯收入100万元，劳务收入100余万元。同时，合作社在种植中华冬桃的基础上，积极向上级有关部门争取项目支持，于2009年10月，土生金林果合作社董事会通过了在冬桃基地发展生态养殖的实施意见。2010年3月，占地3亩的养殖场建成，总投资40万元。2010年3月至2011年6月，该场生猪出栏600头，销售收入120万元。2011年6月，董事会在调查研究市场趋势后，进一步转变观念，从山东省菏泽市引进西门塔尔、夏洛莱、利木赞3个肉牛品种进行科学养殖。现种植优质牧草100亩，肉牛存栏110头，育肥1年后出售，预计实现销售收入100余万元。同时，配套建设了农业观光、农村休闲等农家乐设施，是西畴县第一个以林果研究、开发、种植、加工、销售以及休闲娱乐为一体的农业专业合作社。

三、创业背景

（一）个人背景

张玉周出生在西畴县莲花塘乡小锡板村委会理明洞村，1990 年他初中毕业，因父亲在香坪山林场当工人，他就进了香坪山林场当临时工。由于他谦逊好学、吃苦能干，1993 年，他被转为场里合同制工人。1996 年，张玉周承包了场里油茶套种八角的山林地近 600 亩，可是天不遂人愿，当年八角市场价格下滑，年底一结算，总收入还不够上交承包费。辛苦打拼一年，家中未增分文反负债，欠了林场的情。为了诚信兑现承包费，为了家庭过上好日子，第二年春节一过，张玉周离开自己眷恋的家乡和家人，融入了打工潮。但是有着丰富经验的张玉周一直没有放弃发展种植产业的梦想，在 2005 年带领 5 户当地农民以入股的形式，筹措资金 100 万元，又大胆承包了场里 600 亩和当地农户 400 余亩的荒山地，当年从四川引进澳洲冬桃 200 亩一举成功后，成立了土生金林果专业合作社。

（二）社会背景

20 世纪 90 年代，西畴人民向贫困宣战：兴水利、修公路、造沼气、建水窖……自力更生，改善生产、生活、生存条件，创造了“苦熬不如苦干”“等不是办法，干才有希望”的“西畴精神”。西畴人民在政府的领导下，开启了通向脱贫致富的小康之路。同时，为了进一步缓解农民工就业压力，云南省鼓励和引导农民工创业，以创业带动就业，并进一步制定和完善鼓励农民工创业的财政、税收、工商等有关优惠政策。为了推进农民自主创业，云南各有关部门积极搭建平台、提供服务，因地制宜引导农民进入二、三产业，云南省人力资源和社会保障厅牵头制定出台了落实“贷免扶补”实施办法的具体操作细则，积极扶持农民工创业。

四、创业过程

家住西畴县莲花塘乡小锡板村的张玉周亲身体验了 20 世纪 90 年代西畴人民向贫困宣战并努力奋斗的“西畴精神”，其间张玉周自强不息，淳朴、诚实、憨厚、豪放的性格也得到了升华。为了摆脱贫穷，1996 年张玉周离开自己眷恋的家乡和家人，融入了打工潮，过上了居无定所、食无定时的打工生涯。

虽然他受尽了别人的白眼，体验了打工的艰辛和不易，但是勤劳朴实的张玉周积累了一定的园林绿化知识和工作经验。他边打工边思索着“与其在外随波逐流，不如回家找出路”，在这种想法的驱动下，他回到了久别的故乡，重操旧业：种地养猪。但是自强不息的张玉周并没有安于现状，他一直在思考自己的人生道路。难道就这样在家种地养猪度过一生？自己的创业和致富之路到底在哪里？这是他返乡后一直思考的问题。渐渐地一个大胆的想法在他脑海中形成了：自己当老板，念好山字经，打好林果牌。

思路决定出路，观念决定行动。2005 年，张玉周带领 5 户当地农民以入股的形式，筹措资金 100 万元，又大胆承包了场里 600 亩和当地农户 400 余亩的荒山地，当年从四川引进澳洲冬桃 200 亩一举成功后，成立了土生金林果专业合作社，并逐年增加了冬桃种植面积和多种经营发展规模。自此，张玉周按自己的想法一步一个脚印地实施，一张牌接一张牌地打，使林果创业之路逐年延伸而宽广。截至目前，张玉周已成功打出了三张“林果牌”。

第一张牌：自己当老板，自繁自销园林绿化苗木。凭借自己的打工经历和工作经验，依托当地木兰资源培育乡土树种，成批销往广东省、昆明等地。获得了自主创业第一桶金，为打第二张牌储蓄了资金和胆量。

第二张牌：引进冬桃新品种，创办桃园，走绿化苗木与果品双向经营之路，适应市场需求。2006 年秋，张玉周从友人处得知冬桃是一种多年生植物，经济年限一般在 15 ~ 20 年。其果味纯正、色美，为慎重，他特地去实地考察，并向果树科技人员咨询求证后，于同年 12 月引进东魁、丁梅等冬桃品种进行试种，获得成功。2007 年又购进一批冬桃苗木，创办了冬桃园，2008 年采摘鲜桃 3000 公斤，投放市场，受到消费者喜爱。合作社的冬桃基地建设项目通过了州级评审，并被列为文山州第一批扶贫信贷项目立项推荐，通过了省级评审，获财政扶贫信贷资金 280 万元，财政贴息 8.4 万元，解决了该专业合作社发展壮大缺乏发展资金的实际困难。

第三张牌：组建专业合作社，形成合力，打造地方品牌，做大做强西畴林果产业。“一花独放不是春，万紫千红春满园。”为了形成合力，打造地方品牌，做大做强西畴林果产业，张玉周以海纳百川的胸怀，于 2008 年 10 月吸纳 7 个村民，集资组建了以林果研究、开发、种植、加工、销售为一体的

"西畴县土生金林果专业合作社"。张玉周出任总经理，采取"公司＋基地＋农户"的运作方式。合作社的冬桃基地建设项目通过了州级评审，并被列为文山州第一批扶贫信贷项目立项推荐，通过了省级评审，获财政扶贫信贷资金280万元，财政贴息8.4万元，解决了该专业合作社发展壮大缺乏发展资金的实际困难。通过扶持，该合作社到2010年将建成2300亩种植示范基地，配套建设分拣包装厂、冷库及供水工程、喷灌工程等附属工程设施，项目覆盖独树、刺竹林、大坪子3个村，合作社社员由原来的6户增加到了97户。待整个项目建成后，正常年份可年产冬桃1380吨，预计可实现销售收入690万元，增加劳务报酬86万余元。同时，配套建设了农业观光、农村休闲等农家乐设施，是西畴县第一个以林果研究、开发、种植、加工、销售以及休闲娱乐为一体的农业专业合作社。在张玉周的筹划下，走出了一条新型的农业合作、共同致富奔小康之路。

经过园林绿化苗木园、桃园创业的磨炼，自强不息的身影在打拼中闪光。展望未来，他雄心勃勃，力争用3～5年的时间，把土生金林果专业合作社建成以茨竹林桃园基地为中心，辐射独树、界牌等周边5个村寨，建设2300亩优质生态冬桃，打造地方品牌，做大做强西畴林果产业，为全县社会主义新农村建设再探新路子，再作新贡献。

五、经验与启示

思路决定出路，观念决定行动。透过张玉周的创业历程，我们可以发现：

（一）将自己的专长与相关政策进行有效结合是成功创业的保障

创业尤其是创业初期与政策支持的关系是密不可分的，在创业的过程中，创业者如何理解和利用创业政策以及如何抓住政策扶持的机会，发挥自己的特长优势，实现创业的成功，改变落后的面貌是值得深思的问题。张玉周在创业之前的打工经历，虽然受尽了白眼，体验了打工的艰辛和不易，但积累了丰富的园林绿化知识和工作经验，为其后面创业成功奠定了坚实的基础。

（二）强烈的创业动机是成功创业的发动机

返乡农民工要改变传统守旧观念，转变"外出打工是唯一出路"的想法，早日确立自己的创业目标，着重培养创业意识，激发创业需求，形成创业动力。如果没有创业意识，就无从谈创业。天还是那片天，地还是那块地，新的就业观念的改变，让原来的土地发挥着最大的潜能，对拉动农民就业起到了四两拨千斤的作用。张玉周在外出打工的日子里，就经常思索“与其在外随波逐流，不如回家找出路”，在这种想法的驱动下，他回到了久别的故乡，重操旧业：种地养猪。但是自强不息的张玉周并没有安于现状，他一直在思考自己的人生道路。难道就这样在家种地养猪度过一生？自己的创业和致富之路到底在哪里？强烈的自己当老板的欲望，促使张玉周成功打出了三张“林果牌”，实现了自己的理想。

（三）独特的战略眼光是成功创业的前提

创业要勇于利用社会资源，发挥所占有的资源优势，在大胆地利用机会的同时，还要有战略眼光，有长远规划方能做大做强，长久不衰。张玉周意识到“一花独放不是春，万紫千红春满园”。为了形成合力，打造地方品牌，做大做强西畴林果产业，他以大海纳百川的胸怀，于2008年10月吸纳7个村民，集资组建了以林果研究、开发、种植、加工、销售为一体的“西畴县土生金林果专业合作社”。张玉周出任总经理，采取“公司+基地+农户”的运作方式，成功走出了一条新型的农业合作、共同致富奔小康之路。

六、讨论思考题

1. 本案例中，张玉周是如何一步步实现创业成功的？

2. 针对本案例，阐述创业成功的要素有哪些，政策的利用与创业成功有何内在关系。

3. 如果你是张玉周，今后应如何做大做强企业？

（本创业案例素材由文山州农村劳动力转移办公室提供）

党的政策好　养猪事业忙

——记武定插甸鑫发基地创始人张学宏

一、教学用途

成功往往源于对机遇的把握，而好的政策更是企业发展壮大的如油春雨。本案例适用于企业创业阶段对相关优惠政策的把握，教学目的在于帮助创业者在创业过程中，根据当地资源特色及其开发和利用情况，通过寻求政府政策的相关保护和扶持，拉动本地经济增长，带动当地就业，造福于乡邻，同时达到做强企业的双赢效果。

二、企业现状

鑫发托佩克养殖基地于2005年4月16日落户于武定插甸，养殖场的建成是武定县第一个托佩克繁育养殖示范基地，它是一个集瘦肉型优质仔猪培育与生产、销售于一体的中型猪场，致力于瘦肉型仔猪的繁育和推广，提升了畜牧产业的发展。基地采用“公司+基地+农户”的生产模式，形成了三元杂交良种猪的产业化生产。目前，养殖场占地25亩，建有标准化猪舍6栋，饲料房5间，饲料加工车间1栋，拥有基础母猪200头，公猪12头，年产优良仔猪6000头以上，除了托佩克三元杂交仔猪外，还有大约克、长白、三元杂交瘦肉型商品仔猪等。而对于出栏猪，养殖场现在处于供不应求的状态，出栏猪主要销往楚雄、昆明、玉溪等地。由于其以高质量的、添加剂少的饲料喂养，从而获得了口碑很好的品牌，而品牌效应又反过来为企业带来源源不断的客源。养殖场出栏猪的销售模式是通过中间商间接向市场提供，由于市场的需求不断扩大，今年企业已经由中间商预订了1000头出栏猪。因此，扩大养殖规模已成为企业的必然选择。企业预计扩大母猪至600头，同时正在筹建一个加工厂，并争取成为省级农业产业化经营的龙头企业。

该场采取现代的管理模式，运用数字化管理，对生产管理、育种管理和兽医管理进行严格监控。即母猪从配种舍→怀孕舍→分娩舍→配种舍，仔猪从产房断奶→保育舍→育成舍（测定舍），实行全进全出式、分阶段饲养的先进生产工艺。养殖场拥有一大批从事养猪生产、育种经验丰富的专业技术人员，有分工明细的科研开发队伍，并始终坚持以技术求发展，以质量求生存，坚持高起点、高标准、高质量的“三高”纯种繁育体系。

鑫发托佩克养殖基地于2012年被认定为楚雄州农业产业化经营重点龙头企业。企业创办人张学宏于2011年5月荣获创先争优青年创业先锋模范暨首届“楚雄青年创业奖”称号。2010年被评为楚雄州第二批拔尖农村乡土人才，获得三等奖，并于同年底获得全国无公害农产品内检员证书。2009年获得由温家宝总理题勉的“创业之星”奖。

三、创业背景

（一）个人背景

生命只是我们借来一用的资本，经营的项目由我们自己选择。1979年5月，张学宏在武定插甸乡的一个普通农户家庭呱呱落地，他选择了属于自己生命的资本。张学宏的童年在贫穷和极度劳累中度过，那些充满无限艰难困苦的经历在张学宏幼小的心灵中留下了深深的烙印，也使他的思想走得更远。每一种创伤，都是一种成熟。因此，他小小的身躯开始承受着生命不能承受之重。而目睹父母亲每天风雨无阻，晴天一身土，雨时一身泥忙碌于田间地头，全家人还是食不果腹、衣不遮体时，他暗自发誓：要外出打工挣大钱，改变家乡的贫穷面貌，让他的父老乡亲们过上幸福美满、衣食无忧的生活。正如只会在水泥地上走路的人，永远不会留下深深的脚印，正是那泥泞的道路，铺就了张学宏如今的康庄大道。

（二）社会背景

俗话说，时势造英雄。同样，对于一个企业来说，好的社会环境对企业的成长发展起着至关重要的作用。2003年的“非典”时期恰逢生猪补栏旺季，为防止疫病传播，各地相继采取了限制生猪流动等措施；2004年，中央一号文件的出台，把增加农民收入作为事关全局的大事，为农民外出打工提供了政策保障，劳动力大量外流，从而导致了一些传统的养猪村变成了无猪村。此外，由于饲料成本的上升，也导致了农户“养猪难”。

民以食为天。作为大多数老百姓餐桌上不可或缺的猪肉，由于一些不可抗力的因素，在2003年到2004年上半年，其市场价格一直处于萎靡不振的状态。对此，国家相应出台了一些扶持养猪业的优惠政策。如2004年9月国家出台的《关于做好当前生猪产销工作的通知》，强调农业银行对符合信贷原则的提供必要的小额信贷资金，支持规模猪场和加工企业的生产，稳定规模猪场。但到了2004年下半年，其价格已开始回升，从而为养猪业展现了美好的发展前景。此外，由于人民生活水平的提高，可支配收入不断增加，因而对猪肉的需求也有所加大。例如楚雄彝族自治州城镇居民家庭人均可支配收入：2002年为1703元，2003年为7549元，2004年为8693元。而2004年初发生的禽流感，也促使消费者转而增加了对猪肉的需求。张学宏经过认真的市场调研，牢牢把握这些政策和市场环境所传导的利好信号，并根据当地农户的实际情况，开创了他的鑫发托佩克养殖基地。

四、创业过程

落叶——树叶洒下的泪滴，与其肩负苦涩的回忆，不如走向明天、沐浴春雨。1992年，刚13岁的张学宏毅然决定报名参加县人事劳动局组织的对外劳务输出，由于年龄太小而被拒之门外。暂时的挫折并没有改变他走向明天，沐浴春雨的决心，于是，他怀揣父母东拼西凑来的300元钱和对美好未来的祈盼，只身前往福建。

张学宏深深地明白，与其说是别人让你痛苦，倒不如说自己的修炼不够。在福建的打工生涯中，他凭着为人处世坦然真诚和工作态度认真负责，事业蒸蒸日上。务工的这些年，使张学宏养成了良好的处世态度，并时刻保持一颗积极向上的进取心。

机会总是留给有准备的人。到福建的第四年，张学宏的朋友邀请他前往北京经营加油站并很快被提拔为经理。任何成功的人都能够准确地对形势做出判断，张学宏也是这样。当时，加油站生意红火、日进万金，他敏锐地嗅到了加油站里的商机，果断地把几年打工攒下的6万元钱入股加油站，三年下来连本带利有了近40万元的收益。

创业，其实就是找别人想不到的，或做别人没做准确的事情，正如华为集团创始人任正非所说，一个人再有本事，也得通过所在社会的主流价值认同，才能有机会。于是，张学宏拿着经营加油站所获得的近40万元钱马不停蹄地来到深圳，经过认真的市场考察和分析以及朋友的启发，他并没有继续从事加油站的生意，而是以100万元一年的租金成为深圳东门农贸市场的新主人。此农贸市场以交易猪、牛、羊肉为主，张学宏以每斤赚2元的加工费，每天加工3吨左右运营，灵活经营、薄利多销，一年下来净赚200多万元。此时，家乡云南武定插甸家家户户牛羊成群，张学宏萌发了从家乡收购牛羊到深圳屠宰的打算，虽然长途贩运辛苦劳累、风险大、利润低，但想到能给家乡畜牧业发展和父老乡亲们增收作贡献，也就义无反顾地坚持了下来。

一年后，东门农贸市场的承包到期，想到给予他生命资本的家乡，想到家乡人民满怀希望的眼神，张学宏断然决定回乡再次创业。所谓思路决定出路，2005年，一番市场调查后，张学宏又奔赴广西南宁的一个大型养猪场考察学习，该养猪场以从荷兰引进的托佩克猪为发展目标。他的自主创业理念和为家乡发展的态度深深感动了企业老板，主人毫无保留地传授给他托佩克猪的养殖技术和相关经验。两个月后，带着先进养猪技术和多年积攒的360万元资本，张学宏踏上了回家创业的征程。

世界上最快乐的事，莫过于为理想而奋斗。张学宏的创业路程虽然是艰辛和曲折的，但他是快乐的。在他的创业过程中，插甸乡人民政府、县扶贫办等部门伸出无私的援助之手，为其崇高理想的实现提供了便捷的绿色通道，出台了相关的扶持企业发展的优惠政策，扶上马、送一程。作为县扶贫办扶贫项目的仔猪推广，每头仔猪的市场价格是1000元，其中，扶贫办为鑫发托佩克养殖基地的每头仔猪补贴800元，并给予农户每头仔猪购买补贴200元。农户只需用200元即可从公司购买一头仔猪，公司同时有偿提供统一饲料给养殖户，待仔猪出栏以后养殖户再归还购买仔猪时的扶贫无息贷款。我国目前已形成以重大动物疫病强制免疫补助、畜禽疫病扑杀补贴、基层防疫工作补助为主要内容的动物防疫补贴政策。县农业局认真贯彻落实对重大动物疫病强制免疫补助政策，定期为基地提供免费的疫苗指导，即基地每月从县农业局领回七八种疫苗，每10到20天就对仔猪进行一次疫苗注射，从而很好地防止了疫情的发生。同时，鑫发托佩克养殖基地也为养殖户的仔猪进行同样的防疫，并提供配种和培训养殖技术。这些优惠政策为企业保驾护航，对企业的发展壮大起到了积极的推动作用。

托佩克养殖基地除了致力于对仔猪的推广以外，还以市场价格统一向农户收购出栏猪；对于没销售完的仔猪，基地也进行悉心饲养，待出栏时通过中间商统一发往市场。2008 年，由于受全球金融危机的冲击，武定全县的生猪出栏价格陷入历年的低谷，外销受到极大影响。面对危机，州畜牧兽医部门、县委、县人民政府领导高度重视，一方面，下发了《关于稳定生猪生产的紧急通知》，拓宽生猪销售渠道，稳定生猪价格，外销产值提高显著。另一方面，落实养殖扶持政策，特别是全面落实国家能繁母猪补贴及能繁母猪保险政策。能繁母猪的保险金额按照每头 1000 元核定，费率为 6%，每头能繁母猪的保费为 60 元。能繁母猪保险保费补贴按照分级负担的原则，中央财政承担 50%，养殖户承担 20%，地方财政承担 30%。其中地方财政的分担比例为云南省级财政承担 15%，楚雄州（市）县财政承担 15%，即鑫发托佩克养殖基地只需为每头能繁母猪交保险保费 12 元。此外，对养殖环节病死猪的无害化处理，国家也出台了相应的补助政策，对年出栏生猪 50 头以上，对养殖环节病死猪进行无害化处理的生猪规模化养殖场（小区），给予每头 80 元的无害化处理费用补助，补助经费由中央和地方财政共同承担。这些政策无疑为养殖基地的发展壮大解决了后顾之忧，有助于创业项目的顺利展开。

一路风雨一路歌。虽然创业路程是艰辛的，但张学宏并不是孤军作战，他身后还有给予他大力支持的一系列优惠政策。建立如此规模的养猪场，如何做到对生猪排泄物的绿色利用，张学宏并没有感受到手足无措。因为，沼气工程建设给基地不仅带来了环保，还为基地带来了附加的收益，如沼气补助，对“一池三改”一个基本建设单元，补助标准为每户 1000 元。对于养殖机械的购买，如饲料粉碎机等，也有农机补贴政策的支持。在税收方面，对养殖基地实行全免费政策，即养殖基地可从县国税局那里领回免税证书，凭借该免税证书即可全部免税。可见，创业过程中税收减免以及补贴政策，为创业项目的发展壮大赢得了更多的资金支持。

基地投产当年，每户养殖十头，每户年纯收入达到 12400 元。办场 3 年来，带动就业达 120 多人，每年发展养殖大户 300 户以上，辐射、带动周边农户养殖商品猪，为本地区乃至周边地区生猪的改良生产作出了贡献。同时，加快了武定县生猪改良步伐，提高了猪肉品质，增加农民养猪收入，为本县和邻近县乡优质肉猪基地建设提供了种源保障。

“知我者谓我心忧，不知我者谓我何求?”曾经有无数生意上的朋友对张学宏的做法困惑不解：“在北京、深圳事业有成，生活无忧，儿时的穷乡僻壤真值得那么留恋和付出?”“羊有跪乳之恩，鸦有反哺之义，家乡是生我养我的地方，就是自己的母亲，母亲目前虽然贫穷些，但不应成为抛弃她的借口，而应成为使她富裕的理由。”张学宏朴实而又深情地回答。

五、经验与启示

农民创业项目的选择，与政府政策的扶持是分不开的，政策体现了政府的导向，也体现了市场的需求。猪肉是中国人餐桌上不可或缺的菜肴，需求量巨大，为稳定猪肉的价格，政府出台了很多优惠政策，这为以养猪为创业项目的创业者提供了难得的创业机遇和巨大的商机。

（一）企业成功创业离不开惠农扶持政策的保驾护航

在企业创业过程中，创业者要把握好优惠政策对市场的刺激性，利用本地资源优势，做成产业化，不断扩大自主品牌。例如本案例中武定县扶贫办对养殖户的无息贷款政策，不仅解决了农户养殖资金的缺口问题，而且养殖积极性大大提高，同时为基地的仔猪推广打开了更广阔的市场，激励作用明显。

（二）创业者应充分利用好优惠政策的杠杆效应

惠农政策不仅产生了正的外部性，还为创业者解决了一定的资金困难，创业者只有充分利用优惠政策的杠杆效应，迎难而上，降低经营风险，减少财务成本，企业才能实现可持续发展。本案例中的能繁母猪保险保费补贴、免费疫苗指导等优惠政策，无疑为企业的健康成长撑起了一把保护伞。

（三）与当地相关职能部门的及时沟通是创业成功的保证

养殖基地的成立依赖于本地较好的养猪行情，而政策性的指导对企业创业项目的选择提供了明确方向。养殖行情越好，对惠农政策的把握越到位，创业成功的期望就越大，农业产业化就能更快得以实现。及时了解政策，特别是创业过程中税收减免以及补贴政策，能为创业项目的发展壮大赢得更多的资金支持。如沼气工程建设不仅给基地带来了环保，还为基地带来了附加的收益；再如沼气补助，对“一池三改”一个基本建设单元，补助标准为每户 1000 元等。

六、讨论思考题

1. 在外打拼了 13 年后，又选择了回故乡创业的张学宏是如何做到产业化生产的?

2. 针对本案例，阐述创业初期的关键因素是什么，企业成长壮大后，企业获得长久发展的保障是什么。

3. 对于生物性资产，如何通过技术的不断创新来提高其生产力?

（本创业案例素材由楚雄州农村劳动力转移办公室提供）

阿佤山上谋发展

——优秀佤族私营企业家肖炳华创业纪实

一、教学用途

能否善于抓住机遇，是一个人能不能成功的重要条件。本案例通过对优秀佤族企业家的创业经验的介绍，帮助创业者在创业中如何抓住政策机遇与市场机遇，从而果断决策取得成功提供借鉴。教学目的在于帮助创业者在创业时要选择国家政策鼓励和支持的创业项目，让创业者真正了解政策，利用好政策脱贫致富，创业中要重视管理、市场营销等基础性工作。

二、企业现状

肖炳华从1986年顺应发展潮流，辞去原职下海打拼，有了雄厚的经济实力后收购了濒临倒闭的沧源金矿，并使之起死回生，重振雄风。2006年7月他成立了临沧佤乡实业有限公司，注册资本800万元，与改制前相比增加600万元，增长300%。资产总值达4000余万元，比改制前的717万元增加了3283万元，增长457.9%。经过多年的艰苦创业，公司由小到大，由弱到强，发展成了以城市供水为主，兼营山泉饮用水、肉制食品、食用白酒、宾馆接待服务和矿业开发为一体的经济实体。其所创办的临沧佤乡实业有限公司被评为云南省工商企业“诚信单位”，2004年至2007年连续四年被评为“守合同、重信用”企业，非公“先进企业”。他个人被评为临沧市“民族团结先进个人”“归侨侨眷先进个人”“非公经济先进个人”。

三、创业背景

十二大召开以后，政府出台了“鼓励、支持、引导民营企业发展”的政策，民营企业步入蓬勃发展时期，之后十三大明确提出“民营经济是社会主义市场经济的重要组成部分”后，民营企业步入快速发展期。国家鼓励民营企业发展的良好政策以及肖炳华过人的胆识，使肖炳华走上了成功的创业之路。对此，我们着重分析一下肖炳华的创业背景。

（一）个人背景

肖炳华生在阿佤山，长在阿佤山，由于受传统小农意识和计划经济的影响，当地许多少数民族因循守旧、安于现状、重农轻商、怕冒风险的思想仍较严重，对创业存有偏见。但肖炳华看准了沧源丰富的自然资源，国家鼓励民营企业发展的良好政策，这些将给他带来美好的“钱”景。于是肖炳华于1986年毅然辞职，走向艰苦创业之路。他抓住沧源地处边疆，交通运输落后但资源丰富的契机，筹资从事运输业和矿业开发，赚得了人生的第一桶金。随后他又抓住我国国企改制的机遇，收购沧源金矿和沧源县自来水厂，取得资产重组权，利用他多年积累的经营管理经验和果断决策能力，使两家濒临倒闭的企业焕发蓬勃生机。肖炳华正是以他独具的创业精神，谱写了阿佤山人事业发展的新篇章。

（二）社会背景

20世纪80年代，民营企业异军突起，成为县域经济的生力军。从中央到地方，相继制定了一系列优惠政策，鼓励发展民营企业。民营企业历经了1984年至1988年、1992年至1996年两轮超常规的发展跃升，也经历了1997年至今的改革提高阶段。肖炳华正是以他敏锐的洞察力和准确的判断力，顺应发展潮流，于1986年毅然辞去了从事多年的汽车修理和商业营销工作，走向艰苦创业之路，筹措资金10万余元从事运输业和矿业开发，他赶上了我国民营企业发展的第一次机遇期。他具有与时俱进的精神，于2001年出资200万元，收购濒临倒闭的沧源金矿，率先创办了沧源第一个“私营企业”——华源金矿。2003年，他建立了临沧市第一个私营供水企业——沧源华源自来水有限责任公司，并开创了“以水为主，多业并举，全面发展”的局面。经过30多年的艰苦创业历程，公司由小到大，由弱到强，发展成了以城市供水为主，兼营山泉饮用水、肉制食品、食用白酒、宾馆接待服务和矿业开发为一体的经济实体。肖炳华以独具的创业精神，创造了有目共睹的辉煌成绩。

四、创业过程

肖炳华虽然只有初中文化，但他自幼聪明好学，敢于争先，在社会实践这个大熔炉里锻炼了意志，增长了见识和才干。在经济体制改革的大潮中，他以敏锐的洞察力和准确的判断力，顺应发展潮流，于1986年毅然辞去了从事多年的汽车修理和商业营销工作，走向艰苦创业之路。他依靠信贷和亲朋好友的支持，筹措资金10万余元从事运输业和矿业开发。由于他勤劳踏实，几年工夫就积累了丰富的经验，有了雄厚的经济实力。他具有与时俱进的精神，于2001年出资200万元，收购濒临倒闭的沧源金矿，率先创办了沧源第一个“私营企业”华源金矿，以不屈不挠迎着困难上的创业精神，成就了壮丽的事业。2003年，国企改革进入攻坚冲刺阶段，面对水源不足，管网老化，亏损严重，高额负债诸多的困难，他以“明知山有虎，偏向虎山行”的胆略，再次出资200万元收购了沧源县自来水厂，取得资产重组权，建立了临沧市第一个私营供水企业——沧源华源自来水有限责任公司。他以饱满的工作热情，乐观向上的精神，团结一致，齐心协力，带领员工深化内部改革，创新发展，不断谋求经济发展新亮点。投资700余万元资金加大管网改造力度和水源建设工程，供水设施逐步完善，供水规模逐步扩大。他以独具的创业精神，谱写了阿佤山城市供水事业发展新篇章。

五、经验与启示

能否善于抓住机遇，是一个人能不能成功的重要条件。机遇往往是偶然的，稍纵即逝。因此，要抓住机遇，就必须有精明的头脑，详细地研究，细心地观察，捕捉机会。本案例中肖炳华创业成功正是抓住了政策机遇与市场机遇，并充分利用自己过人的胆识。其经验与启示如下。

（一）肖炳华抓住了我国改革开放后鼓励民营企业发展的政策

民营企业是在我国改革开放后产生的非公有制企业，始于20世纪70年代末80年代初。自党的十三大召开以后，“鼓励、支持、引导民营企业发展”的政策使民营企业步入蓬勃发展时期。特别是自党的十五大明确提出“民营经济是社会主义市场经济的重要组成部分”后，民营企业得到了长足的发展。肖炳华认真分析形势，于1986年毅然辞去了从事多年的汽车修理和商业营销工作，走向艰苦创业之路。2003 年，国企改革进入攻坚冲刺阶段，面对水源紧缺、管网老化、亏损严重、高额负债等诸多的困难，他再次出资 200 万元收购了沧源县自来水厂，取得资产重组权，建立了临沧市第一个私营供水企业——沧源华源自来水有限责任公司。肖炳华正是利用了一系列国家鼓励民营企业发展的政策，与时俱进，结合民族地区实际一步步把企业做大做强，为地方经济作出了自己的贡献。

（二）肖炳华具有创业的胆识

谁能想到改革开放不久，许多人都在对我国的发展方向持观望态度之际，创业之前只有初中文化的肖炳华，毅然辞去了从事多年的汽车修理和商业营销工作，依靠信贷和亲朋好友的支持，筹措资金 10 万余元从事运输业和矿业开发，这本身就有很大的风险，而后他继续通过类似的方式赚得了人生的第一桶金。事实上，肖炳华这样不给自己留余地的创业方式，是很多创业者所忌讳的。从传统意义上讲，无论是创业还是做其他事情，都需要给自己留条后路，让自己进可攻、退可守。有时候，创业这东西的确很悬乎，有的人精心筹划了几年，似乎准备得万无一失，结果却仍然是以经营惨淡收场；有的人一副赶鸭子上架的模样，但是却做得风风火火，好不热闹。你作出选择了，就意味着同时作出了放弃；并且，你要对你作出的选择负责。而选择创业，在 30 多年前，肖炳华做的几乎是一个极度陌生的选择。

改革开放 30 多年来，中国经济开始展现出它足够大的魅力以及足够大的给予。无数像肖炳华这样的人，通过创业成功致富，找到了梦想。这种让一部分人先富起来的效应，很快就产生了跟风浪潮，财富梦想从来都不缺乏挤破脑袋的追求者。而一旦选择了创业的道路，那么，很可能这将是一条不归路。创业者，需要具备这样非凡的胆识，能够有胆量作出人生重大的选择，能够坦荡荡地放弃人生中可能出现的与自己理想背道的机遇，能够在看似渺茫的机会面前，拼尽全力，破釜沉舟，背水一战。这种胆识，更像是一种贴近实际的战略智慧，很多人的精彩人生也正是因为这样的智慧而释放光彩。创业的过程，就是一个从无到有的过程，也是一件开天辟地的事情，需要创业者具备足够的创业智慧。在这里，是否具备发展性的、独具一格的眼光，就很重要了，这势必关系到你所选择的行业的未来前景，也关系到你的企业未来生存空间的大小。换句话说，也就是我们常说的，创业要具备足够高的战略素养和胆识。

(三) 肖炳华注重结合民族地区实际，发展具有地方特色的产业

特色产业是充分具有个性特征的经济发展模式，它立足于实际，走适应市场需求的资源开发经济发展路子。肖炳华生在阿佤山，长在阿佤山，深知边疆生产力水平低，经济发展要立足于当地资源，开发优势产业，发展特色经济。一是投资建立山泉饮用水厂，所生产的“佤乡”牌山泉饮用水标新立异，独树一帜，具有浓郁的佤山特色，被沧源县人民政府定为“自治县重大活动及接待指定专用饮用水”。二是投资肉制食品加工厂，生产香酥牛干巴、牛肉油豆豉、香笋等，打造佤乡原生态的产品。三是投资佤乡宾馆，促进当地旅游业发展。四是投资200万元收购面临淘汰关闭的临沧南美拉祜王酒厂，通过技术改造，改进工艺流程，强化管理，企业重新焕发生机。生产的“拉祜王”“佤乡宴”，具有独特的佤乡风味，被誉为是好客的民族、醉人的好酒。五是投资400余万元收购原川源制革厂的房地产权，并对其进行改造，购入先进酿酒设备，作为兼并的南腊上酒厂酿酒厂房。六是新开办的勐来上班佑铅锌矿、糯良怕拍铜矿健康稳步发展。开创了“以水为主，多业并举，全面发展”的局面。综上分析，肖炳华的成功在于他能够充分地考虑当地的自然资源并想尽一切办法将资源利用起来，同时考虑当地的传统习惯和自身在技术、管理、人脉关系方面的优势，在边远的少数民族地区建立了具有自身特色的产业，为当地经济的发展作出了自己的贡献。

(四) 肖炳华注重企业文化建设

企业文化建设是一种“软管理”，是以人为本的管理思想的体现。企业文化建设对于企业发展的作用和影响已越来越引起人们普遍的重视和认同。本案例中肖炳华同志具有端正的企业工作方向和“以人为本”的思想，牢记“顾客就是上帝”的服务宗旨，不断对员工加强职业道德教育和文明礼貌素质的培养和塑造，改进服务工作，提高服务质量，把“文明、诚信、优质、规范”的供水方针始终贯穿于整个生产经营过程中，让广大用户真正理解、尊重、支持企业的改革发展，显现出边疆稳定、社会和谐、人民安居乐业的最好社会效益和企业效益同步增长的目标。他致富后，不忘贫困山区的群众，在贫困山区捐资助学，资助通电、通路等，改善了民族地区的各项基础设施。他还出于社会责任和忧患意识，先后解决了100余名下岗困难职工和社会待

业人员的就业问题，缓解社会就业压力。

综上所述，肖炳华创业成功的关键是他抓住了政策机遇和市场机遇，充分发挥了其过人的胆识，利用当地资源和传统习惯的结果，是敢（坚定的创业精神）、想（强烈的创业意识）、能（良好的创业素质）、会（全面的创业能力）的企业家素质的综合体现。

六、讨论思考题

1. 谈谈肖炳华创业成功的内外部因素，其中哪些是他个人的素质和能力。

2. 结合肖炳华成功的案例，谈谈你觉得创业者应该培养和锻炼的素质、能力有哪些，其中哪些是最重要的因素。

3. 有人说“肖炳华的成功是创业时赶上了当时的良好环境，现在情况不同了，如果他现在开始创业，不一定能成功”，对此你的观点是什么？

（本创业案例素材由临沧市农村劳动力转移办公室提供）

规模化养殖走向致富路

——洱源县金河养殖场场长刘献明的创业历程

一、教学用途

本案例适用于指导创业者在选择创业项目时要充分考虑农业发展的大趋势，以及如何用好国家颁布的各种支农惠农政策、用足现有资源去选择适合自己的农业创业项目。教学目的在于帮助创业者掌握如何利用良好的内外部环境，用活国家出台的一系列支农惠农政策，如何筹措创业资金，注意认真学习养殖和防疫技术等方面知识。

二、企业现状

洱源县金河养殖场是一家以奶牛养殖为主，集奶牛和肉牛养殖、生鲜奶销售、活体肉牛销售为一体的综合生态养殖场。养殖场成立于2005年1月，当时刘献明多方筹措5万元，购买9头牛，在贵州省六盘水市投资创建了云南牛场。这个养殖场乳牛的快速繁殖和鲜奶产量的逐年增加，给他带来了一定的投资回报，增强了他发展养殖场的信心。2007年，刘献明决定回家乡洱源县发展。在洱源县相关部门的帮助下，刘献明在茈碧湖镇巡检村租借了一个废弃的老油库作为场地，投资45万元，其中自筹40万元，政府给予“三农”扶持资金5万元，新建畜厩面积288平方米、奶牛运动场地1个、饲料储藏室1个，建设了配套的相关设施等。同年10月，正式注册成立了洱源县金河养殖场。到2012年，他的养殖场已拥有存栏奶牛82头、固定员工11人，牧草种植场地50多亩，建立了兽医室、饲料配制室、品种改良室，配置了运输车辆等，年产值达100多万元，成为辐射带动周边数千农户的中型养殖场。

三、创业背景

刘献明2005年走向创业之路时，是我国正式加入WTO后。我国改革开放和经济建设的快速发展、经济结构的大幅调整和产业的迅速升级，特别是农业产业结构的调整和国家多种惠农政策的实施，为农业创业创造了良好的外部环境。面对激烈的市场竞争，刘献明不断摸索，想别人不敢想，经过无数次的挫折，不断强化经营管理，以管理促进经营，逐渐把事业做大做强。

（一）个人背景

刘献明自1997年高考落榜后，当过一段时间的代课老师。之后，开始了他的打工生涯，从电子产品到食品推销，从云南到贵州、海南再回到云南，整日风里来，雨里去，却始终不能如意。曾进入云洱果脯有限责任公司，从推销员升至大理销售部经理。在此期间，做过番茄脯、香菇脯等食品的加工等，但实践后发现，食品加工投资大、要求高、竞争激烈，自己还不具备应有的条件。2004年来到贵州省六盘水市，了解到父亲所在的养殖场情况后，突然觉得这才是他所想做的事业。父亲从1982年从事兽医，且在养殖场从事兽医及养殖场管理6年，并懂得饲料配制技术，这为他的创业打下了坚实的基础，创造了必备的条件。

（二）社会背景

改革开放以来，我国牛奶产量持续增加，年增长率为8.6%左右，但相对于人口总量来说总产量仍较少。2005年刘献明到贵州的六盘水创业时，我国牛奶年产量为1240多万吨，牛奶人均年消费量仅为9.5公斤左右，而发达国家的人均牛奶年消费量可达20公斤以上。政府已意识到发展乳业对提高国民素质以及改善农业结构、农业增效方面的重大作用，近几年来加大了发展乳业的支持力度。农业部已确定中国乳业中长期发展目标是到2030年，奶类人均占有量达到25公斤，总产量达到4250万吨。2002年农业部已经启动“奶业行动计划”，加快奶类企业产业化、规模化、现代化和集团化步伐，鼓励和支持优势企业，通过各种形式的联合或兼并行动来形成有强大市场竞争力的乳业集团。2000年，国家启动“学生饮用奶计划”，此举旨在提高中国青少年身体素质与健康水平的计划。这些因素使刘献明看到了牛奶业的巨大商机，坚定了他从“牛”上创业的信心。2005年，他从9头牛开始起步，在六盘水开始了他的创业之路。2007 年，他在洱源县各级党委、政府、县畜牧局和相关部门的支持下，在茈碧湖镇巡检村租借了一个废弃的老油库作为场地，建设了配套的相关设施等，注册成立了洱源县金河养殖场。

四、创业过程

刘献明在六盘水创建云南牛场后，乳牛的快速繁殖和鲜奶产量的逐年增加，带来了一定的投资回报，增强了他发展养殖场的信心。2007 年，在洱源县各级党委、政府、县畜牧局和相关部门的支持下，他在茈碧湖镇巡检村租借了一个废弃的老油库作为场地，建设了配套的相关设施等。同年 10 月，正式注册成立了洱源县金河养殖场。2008 年，由于国际金融危机爆发，影响了中国的经济环境，给养殖业带来了冲击。牛价下跌、奶价下跌、利润下滑，给企业的生存和发展带来了严重的负面影响。这一年，让刘献明认识到了加强企业经营风险管理的重要性，为此，他制定和完善了包括养殖场管理制度、财务管理制度、饲料配制制度、卫生防疫制度等一系列制度，为养殖场的健康发展提供了必要的制度保障。

2009 年，对于乳牛养殖和乳制品加工企业来说，尤其难忘。“三鹿”事件的发生，恶化了中国乳业的生存环境，凸显了“食品安全”问题，直接影响了为其提供奶源的乳牛养殖企业，为企业发展敲响了警钟。虽然刘献明很重视企业风险控制工作，但是他的生产经营活动受到了比 2008 年更为严峻的考验。在他的企业发展最困难的时候，各级党委、政府和相关职能部门及时伸出了援助之手，洱源县劳动就业局为他的企业带来了 5 万元的创业贷款，并为他聘请了创业导师；镇小额信贷扶贫工作站为他的企业提供了 3 万元的小额信贷资金；县畜牧局为他提供了奶牛改良设施，相关职能部门也给予了他关心和支持，帮助他度过了艰苦的岁月，这种雪中送炭的行动，让他感受到了政府对创业者的支持对成功创业的重要意义，坚定了他创业的信心。

自 2009 年下半年起，国内经济的总体形势有了明显改善，趋势向好。到 2012 年，他的养殖场已成为拥有存栏奶牛 82 头，固定员工 11 人，牧草种植场地 50 多亩，建立了兽医室、饲料配制室、品种改良室，配置了运输车辆等，年产值达 100 多万元，成为辐射带动周边数千农户的中型养殖场，为金河养殖场创业之初确定的建设以奶牛养殖为主，集奶牛和肉牛养殖、生鲜奶销售、活体肉牛销售为一体的综合生态养殖场的发展目标奠定了良好的基础。

五、经验与启示

刘献明的创业历程充满着酸甜苦辣，从短暂的代课老师到打工者，从云南到贵州、海南再回到云南的打工生涯，从电子产品到食品推销，整日风里来，雨里去，却始终不能如意，直到回到家乡创业并取得成功，靠的就是坚持，靠的就是不服输的劲，靠的是战胜重重困难的决心。本案例中刘献明创业成功的经验与启示如下。

（一）多渠道筹措创业资金

2005 年 1 月，刘献明拿着家里所有积蓄和向亲朋好友的借款共 5 万元，在六盘水投资创建了云南牛场。2007 年，在洱源县党委、政府、县畜牧局和相关部门的支持下，刘献明在茈碧湖镇巡检村租借了一个废弃的老油库作为场地。投资 45 万元建立洱源县金河养殖场，其中政府部门扶持 5 万元，自筹 40 万元，40 万元中信用社借贷 10 万元，亲朋好友借款 15 万元。刘献明认为，中国人的传统思想是不愿意向别人借钱，即使遇到暂时的资金困难，一般也不愿意开口求人。而随着社会的发展，传统的观念正在逐步改变，要想成就一番大业，抓住发展机遇，敢于借贷资金用于发展往往是必要手段。

（二）勇于探索，坚强不屈的精神

刘献明从事过多份工作，从电子产品到食品推销，从云南到贵州、海南再回到云南，整日风里来，雨里去，却始终不能如意。但他坚信：只要有“路漫漫其修远兮，吾将上下而求索”的精神，勇于拼搏、勇于探寻，能够在渺茫的机会前，拼尽全力、破釜沉舟、背水一战，就能取得成功。这种胆识，更像是一种贴近实际的战略智慧，人生也正是因为这样的智慧而释放光彩，这样就一定能够成就美好的人生。在充分认识到养殖业的前途后，刘献明认定了这就是他想要做的事业。从 9 头牛开始一步步扩大自己的经营，刘献明凭借其勇于拼搏、勇于探索的精神，克服重重困难，终于度过了 2009 年“三鹿”事件后牛价和奶价双下跌的那段艰难时期，使金河养殖事业重新走上正轨，并快速发展。

（三）践行科学经营与科学管理

2008 年的金融危机给中国经济造成某种程度的冲击，养殖业也难以避免。牛价下跌、奶价下跌、利润下滑，给企业的生存和发展带来了严重的负面影响。这一年，让刘献明意识到了加强企业经营风险管理的重要性，为此，他制定和完善了一系列制度包括养殖场管理制度、财务管理制度、饲料配制制度、卫生防疫制度等，为养殖场的健康发展提供了必要的制度保障。刘献明认为养殖业要有好的经济效益，应首先注意圈舍的准备，养殖奶牛除有露天场地外，还必须备有半开式圈舍，最好是坐北向南，防止奶牛受到雨、雪、冷、热等自然不利因素的侵袭，影响产奶效果。圈舍的地面要硬化，以便于清除粪便和消毒。其次是奶牛的准备，选好牛种是产奶育肥成功的关键。最后是年龄的选择。产奶育肥基础牛应选择3~5岁、体格高大的牛。只有这些基础工作做好了，创业才有成功的保证。

（四）危难时刻，政府扶持

2009年“三鹿”事件发生后，恶化了中国乳业的生存环境，为乳牛养殖企业的发展蒙上了一层阴影。虽然刘献明平日重视风险控制，但是养殖场仍遭遇了比2008年更为严峻的考验。在他的企业发展最困难的时候，各级党委政府和相关职能部门及时伸出了援助之手，洱源县劳动就业局为他的企业带来了5万元的创业贷款，并为他聘请了创业导师；镇小额信贷扶贫工作站为他的企业提供了3万元的小额信贷资金；县畜牧局为他提供了奶牛改良设施，相关职能部门也给予了他关心和支持，帮助他渡过难关，这种雪中送炭的行动，让他感受到了关键时刻政府对民营企业的支持是必要的，关系着企业的存亡，也是创业者成功的保证。

（五）刘献明注重结合地区实际，发展规模化养殖业

洱源是乳牛养殖大县，其各种环境更有利于发展规模化养殖，乳牛养殖本身具有广阔的市场发展前景。近几年不断出现的畜禽产品质量安全问题，促使国家更加重视规模养殖业的发展，只有规模化养殖业才能从饲料、生产、加工、销售等环节控制畜禽产品的质量，他看到了规模化养殖乳牛的希望之光。刘献明立足于实际，成立洱源县金河养殖场，进行规模化养殖，向市民提供优质、安全的牛奶。

六、讨论思考题

1. 谈谈面对不断变化的外部环境，企业该怎么建立和加强风险控制。

2. 食品安全问题现在已成为举国关注的社会焦点问题，结合实际谈谈食品安全的重要性及企业诚信经营该注意的问题。

3. 有人说“刘献明能取得成功是因为在事业的困难时期得到了政府的大力支持，如果不是政府扶持，不一定能成功”，对此你的观点是什么？

4. 在刘献明创业的过程中，经历过许多挫折，也有多次探索，但最终取得了成功，这对你有哪些启发？

（本创业案例素材由大理州农村劳动力转移办公室提供）

第三部分

市场开拓篇

菜篮子里的商机

——马关县都龙来龙养殖专业合作社社长冯再金的创业历程

一、教学用途

本案例适用于创业管理过程中的产品市场的开拓，教学目的在于帮助创业者明确如何利用现有的资源进行市场开发，找到产品的销路，将产品更好地转化为利润，在满足消费者需求的同时，保证创业项目的成功和今后企业的发展壮大。

二、企业现状

养殖专业合作社从成立至 2012 年 6 月已出栏肉牛 96 头，销售收入达到 38 万余元，盈利 9 万余元，并且充分重视产业链的发展，养殖产生的粪便生产有机肥发展喂牛禾麦草场 800 余亩，禾麦草场套种核桃，建成加工生产的小作坊。来龙村已走上自我发展的创业路子。

三、创业背景

冯再金是马关县来龙村一个地地道道的农民，出身贫寒，初中尚未毕业就外出打工。自 1982 年以来，他在县城工地上拌过砂浆、砌过挡墙；4 年后又踏上了北上的列车。1992 年，回乡的他与同村的两位好友开起了矿场，可是天不遂人愿，冯再金的发财梦落空了，不仅如此，多年来打工辛苦节约的几万元积蓄也打了水漂。冯再金这时候静下心来反思自己，对自己的人生观和创业梦想有了定位和打算。为了实现自己的创业梦想，筹集创业资金，提高肉牛养殖技术，冯再金再次踏上了打工的历程。同时，冯再金也着手对全县肉牛养殖发展和市场前景做了一些调查，对肉牛养殖的市场有了深入的分析。在此情况下冯再金迈出了第二次创业的第一步。到2012年6月为止，养殖专业合作社已出栏肉牛96头，销售收入达到38万余元，盈利9万余元，并且充分重视产业链的发展，用养殖产生的粪便生产有机肥发展喂牛禾麦草场800余亩，禾麦草场套种核桃，建成加工生产的小作坊。来龙村已走上自我发展的创业路子。可见，创业项目选择自己最为熟悉的领域，开发自己最了解的产品，并且要对产品的市场前景以及市场的开发做好充分的调查研究工作，这样才有助于保证创业者创业项目的顺利开展。

四、创业过程

提起冯再金的创业之路，不得不从他第一次失败的创业之路说起。经过10多年的打工积累，冯再金在1992年与返乡的两位好友筹资在老君山自然保护区开矿，可是由于一次事故，他的创业梦想破灭了。矿场被矿管局查封、没收和罚款，不仅没赚到钱，多年打工辛苦节约的几万元积蓄也打了水漂。但是冯再金并没有被这次失败的经历打倒，反而使冯再金静下心来反思自己。俗话说："靠山吃山，靠水吃水"，来龙村草场丰富，历来有肉牛养殖的传统，并且肉牛养殖技术也是自己的特长。经过这一番深思熟虑，冯再金恍然大悟，为什么不利用家乡的优势和自己的特长呢？冯再金有了在本村发展肉牛养殖的想法。

有了梦想，冯再金顿时又有了信心。为了实现自己再次创业的梦想，筹集创业的资金，同时提高肉牛养殖技术，他再一次踏上了外出打工的历程。吃得苦中苦，方为人上人，冯再金也深知这个道理。广州、深圳、惠州、东莞，冯再金为了自己的梦想在奔波着；音响厂、玩具厂、皮革厂，冯再金为了梦想在奋斗着；他不怕吃苦，不怕劳累，3年的时间终于又积累了4万余元的创业资金。同时，他又自费到山东宏图牧业肉牛羊养殖场考察学习，提高自己肉牛养殖的技术水平。

万事俱备，只欠东风。但是有了上一次的失败经历，冯再金谨慎了许多。他对全县肉牛养殖发展和市场前景做调查和分析，从中得到许多有用的信息：国家出台封山育林和退耕还林新政策，许多原来能放牧的荒山坡地面积已减少；农机购机补贴政策的拉动，导致肉牛养殖户逐年减少；市场对肉牛需求异常火爆；从养殖成本上，喂养牛所需的玉米收购来源广且单价低，村里的气候较湿润、温和，有利于肉牛羊养殖草场的繁殖生产。有了这些调查，冯再金更有信心了。2007 年，冯再金到县城和乡镇牲畜交易市场购买犊牛或架子牛育肥，两个星期买到了 6 头架子牛，经精心喂养，6 头架子牛半年时间平均增长体重 300 余公斤，运到市场销售，扣除人工和饲料成本，净赚了 6000 余元。初尝甜头的冯再金胆子更大了些，第二次投入 2 万余元购买犊牛或架子牛各 4 头育肥，饲养半年就全部投放市场，扣除人工和饲料成本，赚到 1 万余元。另外，出栏的粪便生产有机肥，除自已肥田和地种庄稼外，剩余全部出售，收入 3000 余元。2008 年他又扩大规模养殖，全年育肥出栏黄牛 25 头，销售利润 5 万余元。冯再金捞到了创业的第一桶金。

冯再金创业成功的消息不胫而走，肉牛养殖赚钱的消息很快就在本地传开了。本村的乡亲们纷纷登门讨教肉牛养殖技术，外村的村长还请他去给他们村的群众传授肉牛养殖的技术。为帮助村里快速发展肉牛养殖，辐射带动其他村的肉牛养殖发展，促进百姓增收，达到共同致富。2009 年 9 月，冯再金创办了马关县都龙来龙养殖专业合作社，全村 63 户人家有 32 户（以每户 5000 元入股的方式）加入养牛专业合作社。

自养殖专业合作社成立至 2012 年 6 月已出栏肉牛 96 头，销售收入达到 38 万余元，盈利 9 万余元。利用养殖产生的粪便生产有机肥发展喂牛禾麦草场 800 余亩，禾麦草场套种核桃，现已套种核桃 700 余亩。在发展养殖过程中，为降低养殖成本，延长产业链，建成年加工生产 15 吨酒的小作坊，截至目前销售苞谷酒 8 吨，盈利 2 万余元，提供养牛饲料酒糟 12 吨，确保 5 个月牛犊育肥出栏的草料和精料的供给。

在谈到未来的发展时，冯再金表示今后将动员更多村的群众加入到养殖专业合作社中来，扩大养殖规模。进一步走规模化、产业化、专业化发展的路子，力争草场面积在原来 300 亩的基础上新扩 700 亩，达到 1000 亩；肉牛养殖常年存栏 300 头，出栏 200 头以上，销售收入突破 80 万元，利润 20 余万元的目标。

五、经验与启示

市场始终是创业者要考虑的重要因素，未雨绸缪，了解市场，不断开拓市场是企业初创和长期发展的根本保证。

（一）因地制宜开发本地的特色产品，不断扩大市场需求

创业是一项复杂的系统工程，创业者在创业时一定要了解自己的产品，了解产品的目标客户，对创业进行综合考虑，找出自己创业的优势和劣势，从而更好地把握创业过程。“靠山吃山，靠水吃水”，冯再金所在的来龙村草场丰富，历来有肉牛养殖的传统，并且肉牛养殖技术也是他的特长，家乡优势和自己特长的结合，冯再金才萌生了在本村发展肉牛养殖的创业想法。

（二）创业者要对产品的市场需求进行充分的调查和分析

要想取得创业的成功就必须要开拓出产品市场，如果自己的产品没有市场，创业的成功就无从谈起。因此，在创业的过程中，创业者一定要对产品的市场需求进行调查和分析，从而找准创业产品的选择与定位，生产有市场需求的产品，从而开拓出广阔的市场，提高创业成功的几率。冯再金在创业之初就对全县肉牛养殖发展和市场前景进行了详细调查和分析，从中得到许多有用的信息：农机购机补贴政策的拉动，导致肉牛养殖户逐年减少，而市场对肉牛需求异常火爆；养殖成本上，喂养牛所需的玉米收购来源广且单价低等，从而有效地降低了市场风险。

（三）进行产业链的延伸，不断开拓市场

真正开拓市场需要开发并延伸产业链，将相关产业集合在一起，多环节层层相扣，降低企业的生产成本，提高利润，为进一步发展壮大提供源泉。在养殖专业合作社成立后，做大做强肉牛养殖这个主业的同时，冯再金利用养殖产生的粪便生产有机肥发展喂牛禾麦草场、套种核桃，并建成年加工生产 15 吨酒的小作坊，可提供养牛饲料酒糟 12 吨。产业链的延长，进一步开拓了市场，扩大了企业的发展空间，壮大了企业实力。

六、讨论思考题

1. 本案例中，冯再金是如何对肉牛养殖市场前景进行调查分析的?

2. 针对本案例，阐述市场开拓成功的要素有哪些，市场开拓与创业成功有何内在关系。

3. 结合案例，试分析发展产业链对扩大产品市场的作用。

4. 如果你是冯再金，今后应如何进一步扩大产品市场?

（本创业案例素材由文山州农村劳动力转移办公室提供）

市场靠规模　运作靠创新

——记丽江宏宇中药材专业合作社社长蔡文林

一、教学用途

本案例强调市场开拓对于创业过程的重要性，帮助创业者在面对市场需求和业务量不断扩大时，学会打破单纯经营和销售的制约因素，朝着产业的方向去做经济实体，开拓企业的市场，获得更多的客户源。

二、企业现状

丽江青宇植物药材开发有限公司是一家以中药材标准化种植、收购、加工、销售为主营业务的公司，实施柴胡、茯苓、天冬等中药材品种的标准化种植和标准化加工生产，与客户签订长期的销售合同。公司已发展成为滇西北地区茯苓加工量最大、工艺最先进、品质最优良的企业。公司总资产规模达到816.49万元，其中，流动资产565万元，固定资产31.49万元，在建工程220万元，每年累计提供1万人（次）的季节工劳动岗位，为农村富余劳动力的就业创造了有利条件。2010年丽江青宇公司被评为“丽江市农业产业化重点龙头企业”。

丽江宏宇生物开发专业合作社是丽江青宇植物药材开发有限公司的农业专业合作经济组织，以贫困山区为主体，采用“公司+合作社+基地+农户”的农业产业运作模式。其与永胜县多个乡镇联合建立示范种植基地和中药材培训基地，采用新的科技手段和种植模式，种植一定数量的经济林果，在林果间套种日本三岛柴胡和半夏等中药材，待药材采收后再在果树下套（间）种马铃薯等农产品。通过立体开发种植，实现土地资源的有效组合和合理利用，并以标准化、立体种植的方式，实现亩产值达1万元为目标，为高海拔山区和半山区群众脱贫致富找到了一条新路子，带动和促进了永胜县项目区农民群众的增收致富。

三、创业背景

（一）个人背景

丽江宏宇中药材专业合作社社长蔡文林，现年44岁，出生在云南省永胜县永北镇凤鸣村委会上街二村，一个平常而普通的名字，一个朴实至真而诚信为人的创业者。打过短工，干过农活，卖过早点，贩过水果。面对拮据的生活，蔡文林想到，改变窘境的现实选择只有一条路——自己创业，自己给自己当老板。怀着坚定的信念，蔡文林开始了中药材的收购和销售，之后注册了自己的药材店——永北镇蔡氏药材购销店。随着市场需求和业务量的不断扩大，在永胜县有关部门的帮助和支持下，2008年注册成立了丽江青宇植物药材开发有限公司。2009年5月，以蔡文林为法人代表，注册成立了丽江宏宇中药材专业合作社。

（二）社会背景

永胜县地处长江上游云南省西北部，丽江市中部，县城永北镇，距省会昆明市516公里。素有“滇西北粮仓”“鱼米之乡”之誉。这里森林茂密，动植物资源丰富。在初闯市场的过程中，蔡文林发现中药材的销售利润较高，仓储风险较低，并且价位相对稳定，开始了中药材的收购和销售。经过摸索，蔡文林积累了一定的经营管理经验，结识了一些省内外中药材经销大户，有了稳定的客源，中药材经营粗具规模。通过自己的努力和汗水，带动和扶持了周边农民的增收，促进了当地农村经济的发展，以及农业产业结构调整和农业产业化发展。

四、创业过程

蔡文林创业前的工作经历极具传奇色彩，如果不经蔡文林本人谈起，谁都想不到，他的人生经历如此丰富。他曾在永胜瓷厂打过工，在永胜县城客运站卖过早点、水果，帮人做过家具。经过做小贩1年多，赚得了创业路上的第一桶金，而后利用这积蓄，开始了中药材的收购和销售。经过1年多的摸索，蔡文林积累了一定的经营管理经验，结识了一些省内外中药材经销大户，有了稳定的客源，中药材经营粗具规模。为做大中药材产业，蔡文林注册了自己的药材店——永北镇蔡氏药材购销店。经过不断的努力和艰辛的探索，中药材“蛋糕”逐步做大，并与国内外制药企业建立了长期稳定的合作关系，经营规模由小变大，综合实力由弱变强。到2006年，蔡氏药材购销店的销售收入达到110万元，实现产值128万元。

随着市场需求和业务量的不断扩大，蔡文林认识到个体经营已远远不能满足业务日益发展的需要，单纯搞经营和销售，发展后劲不足，制约因素较大，要朝着产业的方向搞经济实体才有更大的发展。在永胜县有关部门的帮助和支持下，蔡文林多方筹集资金，与他人一起，注册成立了丽江青宇植物药材开发有限公司，实行产业经营模式，以中药材标准化种植、收购、加工、销售为主营业务。经过两年的不懈努力，产品销售取得了巨大突破。

创业的道路和人生一样，都不是那么简单和容易的，其中的艰难、辛酸不足为人道。但是，作为创业者的蔡文林有着执着的追求、坚定的信念、吃苦耐劳的精神。他通过自己的努力和汗水，在不断地改变着生活，在用一双勤劳的手致富，并带动和扶持了周边农民的增收，为促进当地农村经济的发展，促进农业产业结构调整和农业产业化发展不懈地努力着、执着地追求着！在2008年，也就是种植柴胡的第一年并不顺利，由于管理体制不完善，经验不足，导致了近10万元的亏损。这对于一个刚刚起步的公司而言，无疑是个重大的打击，公司周转资金不足，种植面积发展不了，种植户观望、徘徊情绪严重，公司生产经营几乎陷入困境。但是面对失败，蔡文林没有被困难所击倒，没有对中药材种植失去信心，他迎难而上，进行深刻的反思和总结。针对自己在管理中的不足和失误，决定成立中药材种植专业合作社，以互助合作、让利于民的方式调动社员及种植农户的积极性，认真总结经验教训，打一场有准备的翻身仗。

2009年5月，以蔡文林为法人代表，和其他5人一起注册成立了丽江宏宇中药材专业合作社。合作社以贫困山区为主体，采用“公司＋合作社＋基地＋农户”的农业产业运作模式，为农户无偿提供种子，垫付部分农药款，无偿提供种植技术，引导、带动和扶持农户发展中药材标准化种植，并与种植户签订订单定价产品收购合同，同时聘请了永胜县农业局中药材技术推广站为公司的技术依托单位。丽江青宇植物药材开发有限公司租地400亩自办茯苓种植样板，建立中药材标准化生产基地。当年合作社出产鲜茯苓 1060 吨；在永胜县的大安、顺州、仁和等乡镇租地 350 亩自办样板，当年生产柴胡 11 吨、木香 5.5 吨、天冬 10.25 吨、续断 16 吨，同时带动周边农户种植中药材 1000 多亩。稳定高效的收入保障机制，有力地激活了广大农户种植中药材的积极性和主动性。

2009 年的种植一举获得了成功，合作社社员的收入增长 30%，让蔡文林对中药材产业的发展更加增强了决心和信心。在公司的带动下，中药材产业已成为当地农民增收的一个重要途径。由于在永胜中药材产业发展中成绩突出，2010 年，丽江青宇公司被评为“丽江市农业产业化重点龙头企业”。

五、经验与启示

（一）先有市场，再进行投资

由于市场经济的发展，使得农业不仅仅满足农民生活的需要，更要满足农产品作为商品创造利益的需要，因此创业活动就得紧紧围绕市场这个中心，也就是要先找市场再投资。蔡文林利用自己的积蓄，一开始先进行中药材的收购和销售，经过 1 年多的摸索，积累了一定的经营管理经验，并结识了一些省内外中药材经销大户，有了稳定的客源后，才开始创业，这保证了稳定的市场需求。

（二）企业要发展，只有不断扩大规模，才能赢得更大市场

当企业发展到一定程度时，要创造更大的效益就得扩大规模，规模发展以后就要走联合、整合当地的优势品种，区域化种植，闯出特色品牌的道路。随着市场需求和业务量的不断扩大，蔡文林认识到个体经营已远远不能满足业务日益发展的需要，单纯搞经营和销售，发展后劲不足，制约因素较大，要朝着产业的方向搞经济实体才有更大的发展。于是蔡文林多方筹集资金，成立了丽江青宇植物药材开发有限公司以中药材标准化种植、收购、加工、销售为主营业务，实行产业规模经营。

（三）不断创新运营模式，保证市场供给

蔡文林在丽江宏宇中药材专业合作社成立后，结合所处的环境和产品特性，采用了“公司 + 合作社 + 基地 + 农户”的农业产业运作新模式，在实际运行中，为农户无偿提供种子，垫付部分农药款，无偿提供种植技术，引导、

带动和扶持农户发展中药材标准化种植，并与种植户签订订单定价产品收购合同等，在农户获利的同时，企业也获得了稳定的、高质量的货源，实现了双赢。

六、讨论思考题

1. 对新产品进行市场开发时要考虑哪些因素？
2. 结合案例，谈谈行业结构与市场结构对企业的发展有何意义。
3. 结合案例，试述企业的产品如何才能做到产业化发展。

（本创业案例素材由丽江市农村劳动力转移办公室提供）

“老祥云”成长三部曲

——老祥云商贸有限公司董事长杨东林的创业历程

一、教学用途

本案例适用于为企业创业过程中，根据市场实际情况选择创业项目并进行发展提供借鉴。教学目的在于帮助创业者明确如何根据消费者购买行为的变化，灵活经营，以充分迎合市场，满足消费者需求，为企业获得更好的发展。

二、企业现状

成立于2003年的老祥云商贸有限公司是一个集批发零售、品牌代理、商品配送、水厂管理等多种经营为一体的综合连锁企业。目前，老祥云商贸有限公司净资产4000多万元，共有员工600多名，经营面积达10000多平方米，销售金额达1.8个亿，年纯利润1500多万元。

如今，老祥云超市、便利店如雨后春笋般竞相绽放、成长于临沧城及德宏州芒市城中，在临沧城人流比较集中的街口、地段几乎都有老祥云超市、老祥云购物广场、老祥云便利店。不仅如此，公司又在临沧城十三号路中段租下了6000平方米的铺面，并从武汉请来了专业管理人员指导经营，准备投入资金1000万元，配置一流的硬件设施，开一个全市最大的超市。

三、创业背景

（一）个人背景

作为老祥云商贸有限公司董事长的杨东林，出生在大理州祥云县一个农民家庭，家中有兄弟姐妹5人，杨东林排老二。家中全部的生活来源全靠父母在田地里辛辛苦苦的劳作，加之奶奶一直卧病在床，使得杨东林过早地操心起将来的生活。

1988 年，正上高一的杨东林眼睛近视，不得不戴上了眼镜，这使得他更加为自己的前途担忧：一方面，如果自己考上大学，困难的家庭也没钱供他念书；另一方面，如果没考上大学，回家当农民都成问题。最后，他选择了辍学另谋生路。

（二）社会背景

祥云县自古以来就是一个小手工业比较发达的地方，改革开放不仅使得当地的小手工业如久旱逢甘雨般蓬勃发展，也提供了一个更加自由的环境，形成了由西至东的劳务输出路线，很多从事小手工业的人选择了到外地去发展，并取得了一定的经济回报。此外，由于人们思想意识的变化，消费诉求也随之变化，正是基于对市场的深刻认识，杨东林开始了他的创业之路。可见，更好地满足消费者需求，充分迎合市场变化，才能为创业成功赢得更大的筹码。

四、创业过程

放弃学业回家学翻砂手艺的杨东林，经过几个月的学习，就熟练地掌握了这门技术。就在此年，20 岁的杨东林带着家里卖粮的 200 元钱和一套翻砂工具，带着对美好生活的憧憬与向往，踏上了远走他乡追寻梦想的征途。

（一）远走他乡为生计

所谓“天将降大任于斯人也，必先苦其心志，劳其筋骨”。对于杨东林来说，为了谋生，他首先不得不艰苦地拼搏，先后辗转于楚雄、昆明、景谷等地，最后来到了临沧。每到一地，杨东林都先找租金较便宜的住房和场地租下，搭起简易的翻砂作坊进行生产。他采取灵活的经营方式，就地取材收购铝材，用铝材翻砂做出锅、甑子、桶、盆、瓢等生活用品，在当地销售；当资金周转困难时，就用已制成的产品换铝材。由于产品质量好，价格合理，最重要的是，杨东林为人诚实，讲信誉，小作坊生意较好，由此积累了一定的资金。

机遇总是留给有准备的人的。一次杨东林到芒市走亲戚，看到街上有卖翻砂铝制品的，当他向店主了解到芒市的铝制品进价比自己制作的价格高时，立即与店主达成了代销协议，以低于当地价供货给店主，之后又在保山等地建立了供销业务。对于德宏和保山等地的市场契机，杨东林牢牢地抓住，不断地拓展他的业务，为以后的发展奠定了坚实的基础。

科技引领着时代不断进步，同样，对于翻砂工艺来说，老家祥云已由机械制作逐渐代替了手工制作。杨东林灵活经营，又采取了以收购铝材为主，回家乡换取成品到外地销售的经营模式。这样，不仅节约了产品制造时间，更节约了制造成本。

在创办翻砂作坊的过程中，杨东林不仅是老板，同时也是技术员和会计。他不仅有着战略性的思维，同时也非常注意细节之处；他不仅能吃苦耐劳，而且还善于精打细算、勤俭节约。对于每一个翻砂的模具都是他自己制作，炼铝温度的掌控、每一笔交易的定夺他都要亲历亲为，每天的伙食也是简单的一锅菜饭合煮。正如杨东林所说，改变命运一是能吃苦，二是要节俭，三是要会理财。这几点在杨东林的创业历程中得到了很好的诠释，同时也为老祥云以后的发展积累了更多的资金和经验。

（二）转行开店入商海

一个人要想成功创业，必须“高筑墙，广积粮，缓称王”，杨东林也深深明白这个道理。杨东林的翻砂作坊已经为他以后事业的发展修筑了一定的“高墙”，也积累了一定的“粮食”。随着改革开放的深入，人民的生活水平逐步提高，人们对生活质量也有了更高的要求。杨东林敏锐地嗅到了市场的变化，翻砂行业在逐渐衰退，市场占有量也在锐减，因为生活用品不只是局限于铝制品，人们更倾向于消费塑料、不锈钢材料制作的产品。塑料制品轻便且便宜，而不锈钢也更耐用，因此杨东林开始寻找新的出路。上帝是公平的，它在对你关上一扇门的时候，也会为你打开一扇窗，正在杨东林为其新出路迷茫时，在临沧做塑料制品销售的贵州老板要回家乡，于是杨东林瞅准时机，果断盘下贵州老板的全部塑料制品，和自己的铝制品一起销售，结果经营状况非常的好。这给了杨东林很大的启发，认识到销售也是一条走向致富之路。

杨东林创业的初次转型，也许是不完全的；但是在省批发部门的成功中标所带来的巨大经济效益对其观念的转变，却是彻底的。1994 年，杨东林以 70 万元的价格拍下了省批发部门几十吨的货物，然后就地批发、零售，这样卖出了十几车，剩余的小部分运回临沧销售，真正取得了做销售的第一桶金。这使得他深刻地认识到了，销售行业正是他一直寻找的新出路，于是，1996年杨东林在家人的支持下，在临沧城凹腰街一处租下了250平方米的店铺，起名为老祥云厨具大全，正式转行做起了销售行业。

无疑，之前的“高筑墙，广积粮，缓称王”为老祥云的到来奠定了坚实的基础。老祥云厨具大全主要经营宾馆、酒店、单位、家庭所需的厨房家居、日杂用品的批发零售和送货服务，做到了人无我有、人有我全，填补了临沧城一直以来没有厨具大全店的空白。然而企业要想在激烈的竞争中站稳脚跟、发展壮大，就必须敏锐地抓住市场的变化，必须觉察甚至预知到消费者购买行为的变化，了解市场上哪些商品好销、哪一类商品需求量要小些，顾客的消费心理、消费习惯和消费趋向是怎样的，然后采取相应的对策，以充分满足消费者的需求。基于此，老祥云每次进货前都要做详细的进货计划。对顾客需要的商品，只要顾客说得出名称的，他都要记着到昆明批发市场找寻。杨东林就曾为一位开饭店的顾客需要的打蛋器在昆明批发市场一连问了十多个批发商家。

（三）稳步发展占先机

时势造英雄。对一个企业来说，如果市场发生了重大的利好变化，则正是企业抓住机遇发展壮大的最好时机。2000年以后，企业改制进一步深入，许多再就业人员纷纷从事餐饮行业，此外，由于人们生活水平的提高，对生活用品的需求也不断增加，整个厨具市场出现欣欣向荣的盛况。由于杨东林所经营的产品价廉物美，并且他态度和蔼，通过灵活经营在消费者中赢得了较好的口碑，“老祥云”品牌打响了，占据了市场的大量份额，年销售量高达800多万元，实现利润70多万元。然而，生意是好了，却又出现了另一个问题：由于产品种类繁多，而顾客的讨价还价使得杨东林一时无法判断是否低于进货价，交易甚是麻烦。邓小平同志曾说过，“科技是第一生产力”，打码机的出现解决了各商家们头脑记价的难题，同样也给老祥云的交易带来了极大方便。老祥云通过打码机给商品编号，使得商品繁杂交易简单化，从而节约了大量的时间。

2001年，中国加入WTO，很多国外企业纷纷到华投资，国外的连锁超市也在昆明落户了，这带来了零售行业销售模式翻天覆地的变化。杨东林第一时间利用到昆明进货的机会去逛超市、作调查，看到顾客根据自己需要挑选物品，然后在收银台结账，这样简单的行为交易就成功了。这种交易方便快捷，更为重要的是，不用老板亲自出马，生意就能有序地进行。超市的经营模式给了杨东林很大的启发，让他大开眼界，由此萌发了开超市的念头。

2003年，在筹备开超市前几个月，老祥云商贸有限公司成立，杨东林任公司董事长，明确了公司的发展方向——大型零售批发连锁企业。同年10月，老祥云临通店（老祥云二店）在临沧城五号路下段，地处新城与老城结合部的繁华地段隆重开业了，实现了老祥云创办人开超市的梦想。经营种类近8000多种，涵盖了干货、果脯、副食、烟酒、洗涤化妆用品、五金、文化体育用品，以及针织、小家电、茶叶茶具等，商品实现“一站式”购物，并且打出了“一袋大米就送货”的服务承诺，赢得了众多消费者的青睐。

早在1999年5月，德宏州老祥云日杂用品批发部在德宏州芒市镇的团结大街成立，成为老祥云厨具大全店在外州市延伸的第一个店，现排为老祥云九店。在经过经验和财力的积累之后，公司进行了扩大经营的范围和扩充店铺经营的广泛布局。2007年5月，老祥云购物广场（老祥云三店）在临沧城十三号路与南天路交叉口处开业；2008年3月，老祥云酒水配送批发中心（老祥云六店）成立，专营批发业务；2009年3月，老祥云品牌代理店（老祥云七店）成立了，成为可口可乐、澜沧江酒业集团哥俩好白酒、澜沧江酒业集团彝乡情和澜沧江酒业集团酱清香白酒等十多个著名品牌的临沧总代理；2009年6月，德宏州老祥云芒市店（老祥云八店）在德宏州芒市镇东风路中段落户；2009年9月，老祥云华旭便利店（老祥云四店）在华旭住宅小区开张。

2011年更是老祥云快速发展之年。6月，老祥云临都便利店（老祥云十店）在市第二人民医院对面开业；8月，老祥云白塔店（老祥云十一店）和老祥云茶厂便利店（老祥云十二店），先后在白塔路与旗山路交叉口、原临沧茶厂（天顺KTV旁）开业；紧接着又是老祥云公园店（老祥云五店）和老祥云忙角便利店（老祥云十三店）相继开门营业。该年，公司又接手灵沙水厂的经营管理，将原有的3个送水点扩充为6个送水点，增加送水车辆，并增设一辆补水车，健全了送水网络，大大提高了送水速度，使原来每天200多桶的送水量提高到每天送出1000多桶的送水量。公司还购买了苏打水制作设备，准备增加水厂的经营项目。

抚今追昔、展望未来，老祥云商贸有限公司的成长和未来的美好发展前景，是公司创办人始终坚持顾客至上，尽心竭力满足顾客需要，一切为了顾客的经营理念使然；也是公司创办人自力更生、艰苦创业，一步一个脚印，脚踏实地执着追求、不断创新的结果。

五、经验与启示

成功的创业者总是在寻找市场变化，对变化做出反应，把变化作为一个可供开发利用的机会。杨东林的创业历程较好地说明了这一点，抓住了市场，就抓住了商机，就抓住了财富。

（一）敏锐感知市场，及时把握市场变化带来的商机

商机就是较别人更早地把握市场变化所提供的机遇。企业在创业过程中，应充分迎合市场需要，满足消费者需求，不断创新，才能在激烈的竞争中站稳脚跟，赢得市场。如老祥云就很好地利用了企业制度改革所带来的机遇，为自身的发展壮大抢占先机，才成就了今天的老祥云。

（二）市场机会总是留给有准备的人

对市场变化的牢牢把握，对消费者诉求的深刻认识，必须进行不断的学习和调研，引进优秀管理人才，运用创新的管理理念，才能使企业走得更远更好。创业者杨东林就很好地做到了这点。在2001年，通过认真分析，杨东林意识到以前的“拿来主义”的学习方式已远远不能满足现在的需求，引进优秀管理人才是必然的选择。基于此，杨东林先后到昆明、武汉等地参加总经理培训班的学习，不断充实自己，更新经营理念；同时又从武汉等地找寻相关的优秀管理者，为创办超市奠定了知识和人才基础。

（三）企业应紧紧跟随消费者的需求，适时对经营的产品进行调整

市场就是投消费者所好，因此，创业项目的选择必须根据消费者购买行为变化做出相应的决策，对消费者需求越了解，对市场把握越好，社会主流价值越认同的产品或营销模式，创业企业就会更被接受，成功的可能性就越大。杨东林正是通过透彻的洞察力，敏锐地觉察到市场的变化、消费者购买行为的变化，果断地进行决策，谱写了老祥云成长的三部曲，才铸就了他今天的成绩。

六、讨论思考题

1. 本案例中，杨东林的翻砂工艺对以后“老祥云”的创业有何作用？

2. 促使杨东林转行做销售的背景是什么？决定销售成败的关键因素是什么？

3. 在国外连锁超市白热化竞争的背景下，如果你是杨东林，要如何向外地扩大本地品牌，赢得更多的市场份额？

（本创业案例素材由临沧市农业广播电视学校提供）

云雾山中出好茶

——记昌宁雪兰茶有限责任公司总经理禹文超

一、教学用途

本案例适用于帮助创业者在创业过程中重视了解国家各种支农惠农政策，提高创业者的政策利用意识，用好惠农资源，发展有一定规模、有发展潜力、有市场效益、有特色的农业项目。教学目的是通过该案例的学习，创业者在创业中要学会把政策利用与当地的资源优势结合起来，抓住市场机遇，靠山吃山，靠水吃水，立足实际，科学管理，成就一番事业，带动一方百姓致富。

二、企业现状

“云雾山中出好茶。”昌宁是1986年命名的全国首批四大优质茶叶基地县之一。位于昌宁以南的翁堵乡处于亚热与高寒两种气候带交汇处，具有早雾晚霭的独特宜茶条件，禹文超的雪兰茶厂正是创立于这样具有独特自然优势的地方。

雪兰茶厂始建于1984年，2008年3月成立了昌宁雪兰茶有限责任公司，注册资金200万元，固定资产1000万元。茶厂占地面积16490平方米，厂房面积12000平方米，拥有1个精制绿茶和普洱茶加工厂，4个初制茶所，一条年生产800多吨干茶的生产线，有生态茶园500余亩，长期使用的员工60多人，季节性临时工有时达400多人。“雪兰牌”绿茶以产于翁堵云雾山中之勐库大叶种生态嫩芽为原料，经精细加工制作而成，外形硕秀、叶底均匀，汤色嫩绿、滋味鲜纯，香气持久、回味无穷。据农业部茶叶质检中心检验，该产品无药物残留，属天然绿色产品。自1985年投放市场以来，“雪兰牌”绿茶深受消费者青睐。1994年被评为云南名茶，1995年获中国第二届农博会铜奖，1997 年获第二届“中茶杯”优质茶奖和马来西亚国际工商展金奖。“雪兰牌”绿茶系列产品销往昆明、四川、广西、山东、新疆、青海、西藏等地区，出口缅甸、中国香港和阿拉伯国家等国家和地区。“雪兰牌”绿茶已成为全省著名的品牌。2006 年，雪兰茶厂喜获昌宁县消费者信得过单位和茶叶先进企业称号；2007 年，“雪兰牌”绿茶被国家绿色食品中心认定为绿色食品。

三、创业背景

许多人都希望能改变生活状况、提高生活水平，希望能摆脱贫困、拥有更多的财富，出生于昌宁县翁堵乡一个贫寒的农村家庭并担任过更戛乡木瓜树村党支部书记的禹文超正是这样一个人。他抓住我国改革开放和国家出台多种惠农政策的机遇，成就了一番事业，创造一份属于自己的辉煌，带动了一方百姓致富。

（一）个人背景

禹文超，男，中共党员，高中文化，1975 年出生于昌宁县翁堵乡一个贫寒的农村家庭。他曾担任过更戛乡木瓜树村的党支部书记，先后荣获更戛乡社会治安综合治理先进个人、更戛乡优秀共产党员、昌宁县烤烟生产先进工作者等荣誉称号，2000 年被省政府授予见义勇为先进个人称号。他做过木材加工和核桃生意，经过多年的摸爬滚打，他成了当时少有的“万元户”。2006 年 1 月，在翁堵乡党委、政府的关心帮助下，他购买了街下茶厂产权、经营权，企业正式更名为昌宁县雪兰茶厂，从此，开始了自己的创业梦想。

（二）社会背景

随着我国经济的发展，茶叶已成为我国居民日常生活的必需品之一，国民经济的增长将进一步推动茶叶消费。随着收入水平的不断提高，人们的健康消费理念也不断增强。茶叶作为一种传统饮料，其天然、健康的特性将会越来越受到消费者的喜爱，茶叶消费量也将随着消费理念的改变而进一步增加。

翁堵乡是一个种茶历史悠久的山区乡，具有早雾晚霭的宜茶气候，当地老百姓的经济收入多以茶叶为主，但由于茶叶生产多以家庭为单位，茶叶加工规模小而分散，加工方式以传统手工作坊为主。这类企业技术管理水平较低，产品质量不稳定，无品牌或品牌知名度低，且营销能力较弱，受市场波动的影响大，在竞争中处于劣势。2002、2003 年干茶每公斤才 30 至 40 多元，许多农户都对种茶致富缺乏信心，有的甚至毁茶种粮。可禹文超对国家“三农”政策充满信心，始终坚信茶叶市场的前景会更加广阔和美好，反而拿出多年辛辛苦苦攒下的 10 万元钱积蓄，在翁堵乡相关部门的关心帮助下，毅然投资茶厂，进行大规模产业化生产。2008 年成立昌宁雪兰茶有限责任公司，建立自有品牌，更有效地保证产品质量稳定安全，减轻市场波动对茶叶生产的影响，更大限度地保护茶农的利益，雪兰茶厂正是在这样的背景下成立的。

四、创业过程

2006 年 1 月的某一天，对茶叶市场的前景充满信心的禹文超在翁堵乡相关部门的关心帮助下，购买了街下茶厂产权、经营权，企业正式更名为昌宁县雪兰茶厂，并拿出多年辛辛苦苦攒下的 10 万元钱积蓄，从外地大量购进勐库大叶种茶苗进行规模化发展，茶园面积迅速增至 500 亩。

雪兰茶厂重组后，摆在禹文超前面的是曾一度漂洋过海、捧得大奖却又在市场经济大潮中迷失了方向、行将倒闭的品牌，是茶叶市场多年低迷、茶农素质不高、茶叶品质不佳的严峻形势。他决定从茶园管理和营销网络建设上狠下功夫，于是用心查阅了大量茶叶方面的相关书籍以及从网上浏览相关信息，并向茶叶方面的专家咨询和请教。经过慎重考虑，他决定走一条“市场 + 公司 + 基地带农户”发展茶叶产业的路子。为此，他挨家挨户做工作，耐心说服大家一起走上靠茶叶产业化致富的新路。规模扩大了，他却更加辛苦和繁忙了。他一边忙着指导农户管理茶园，一边积极添置机器，建厂房，着手准备茶厂的软、硬件建设。2006 年 5 月，他的“雪兰牌”绿茶系列正式下线，产品外形硕秀、叶底均匀、汤色嫩绿、香气持久、回味无穷。产品投放市场后，受到越来越多的消费者认可，产品销路逐渐拓宽。随后，他用 8 个月时间，使雪兰茶厂在 2006 年 12 月顺利通过全国工业产品生产许可 QS 认证。与此同时，2006 年 10 月，通过保山市农业局茶叶质检中心检验，“雪兰牌”绿茶系列产品无农药残留，属纯天然绿色产品。

为打开销路，禹文超亲自背着样品上县城、走市里、跑省府，在外一待就是十天半月。他在推销茶叶时，总是先送上一斤请别人品尝，还颇有诚心地说："这是我们自家制的，你们先尝尝，希望能给提提建议。"辛勤的奔波没有白费，他的茶叶得到人们的认可，吸引了更多人的关注。同时，他又拿出重金，请专家策划，在新闻媒体上开展全方位宣传，"雪兰牌"绿茶再现昔日风采。由于经营有方，质量信誉过硬，企业规模不断扩大。2006 年 10 月，他抓住茶叶价格回升和昌宁"千年茶乡"大型系列活动的有利时机，注入资金 300 多万元，对原来的厂房和机械设备进行改造，新建初加工厂 4 个、精加工厂 1 个、普洱茶加工车间 1 个，年生产加工能力上升到 2000 吨。在"千年茶乡"农特产品展洽会期间，"雪兰牌"绿茶以全新的包装与广大消费者见面，成为全县最畅销的茶叶品牌之一，日平均销售收入在 3000 元以上。一位来自重庆的客商用"爽口"两个字高度概括了"雪兰牌"绿茶的品质，并当场与他签订了 100 万元的销售合同。目前，茶厂带动茶农达 3500 多户，茶叶种植面积达 10000 多亩，年人均纯收入增加 1000 多元。

禹文超，正值生命最精彩的花期。他的雪兰茶厂，有效地解决了翁堵茶农产品销路不畅的困境，带动了翁堵茶叶产业的优化升级，实现了翁堵茶叶产业历史性的突破，培育了茶农空前高涨的种茶积极性。"雪兰牌"绿茶已成为全省著名的品牌。2006 年，雪兰茶厂喜获昌宁县消费者信得过单位和茶叶先进企业称号；2007 年"雪兰牌"绿茶被国家绿色食品中心认定为绿色食品。

五、经验与启示

禹文超之所以创业成功，是在西部大开发和社会主义新农村建设的背景下，其准确把握国家一系列惠农政策措施、科学决策和了解市场的结果。本案例中禹文超创业成功的经验与启示如下。

（一）禹文超抓住了国家支持"三农"的政策

近几年，国家加大对"三农"的扶持力度，大力推进农业结构战略性调整，构建以市场需要为导向、科技创新为手段、质量效益为目标的现代农业产业体系；科学规划产业布局，科学确定区域农业发展重点，形成优势突出和特色鲜明的产业带，引导加工、流通、储运设施向优势产区聚集；发展农业产业化经营，促进农产品加工业结构升级，扶持壮大龙头企业，培育知名品牌；强化主要农产品生产财政奖励政策，完善农产品加工业发展税收支持政策。禹文超通过对国家政策的深入解读，一边指导农户管理茶园，一边加大对茶厂的投资2006年10月，他抓住茶叶价格回升和昌宁“千年茶乡”大型系列活动的有利时机，注入资金300多万元，对原来的厂房和机械设备进行改造，新建初加工厂4个、精加工厂1个、普洱茶加工车间1个，年生产加工能力上升到2000吨。在“千年茶乡”农特产品展洽会期间，“雪兰牌”绿茶以全新的包装与广大消费者见面，成为全县最畅销的茶叶品牌之一，日平均销售收入在3000元以上。

（二）立足实际，因地制宜，科学管理

翁堵乡是一个种茶历史悠久的山区乡，具有早雾晚霭的宜茶气候，但由于茶叶生产规模小、制茶工艺落后，管理不到位，致使茶叶品质不高，销路不畅，经济效益低下。面对困境，禹文超用心查阅了大量书籍以及从网上浏览相关信息，并向知名专家咨询请教，经过深思熟虑，他采取了“市场+公司+基地带农户”的发展模式。目前，茶厂带动茶农达3500多户，茶叶种植面积达10000多亩，茶农的人均纯收入增加1000多元，茶厂的经济效益显著地提高了。2006年5月，“雪兰牌”绿茶系列正式下线生产，产品投放市场后，受到广大消费者的青睐，销量一路上升。

（三）以敏锐的眼光，抓住市场机遇

能否善于抓住机遇，是一个人能不能成功的重要条件。机遇往往是偶然的，稍纵即逝。因此，要抓住机遇，就必须有精明的头脑，详细地研究，细心地观察，捕捉机会。禹文超决定从茶园管理和营销网络建设上狠下功夫。为实现“市场+公司+基地带农户”发展茶叶产业的路子，禹文超挨家挨户做工作，耐心说服大家一起走上靠茶叶产业化致富的新路。规模扩大了，他却更加辛苦和繁忙了。他一边忙着指导农户管理茶园，一边积极添置机器，建厂房，着手准备茶厂的软、硬件建设，通过软、硬件建设提高茶叶的品质，从而赢得消费者和市场。

（四）创业贵在坚持，贵在合作

为打开销路，禹文超亲自背着样品外出推销，先请别人品尝并提提建议。辛勤的奔波没有白费，他的茶叶得到了人们的认可，吸引了更多人的关注。同时，他又出重金请专家策划，在新闻媒体上开展全方位宣传，使“雪兰牌”绿茶再现昔日风采。由于经营有方，质量信誉过硬，企业规模不断扩大。禹文超的雪兰茶厂，有效地解决了翁堵茶农产品销路不畅的困境，带动了翁堵茶叶产业的优化升级，实现了翁堵茶叶产业历史性的突破，培育了茶农空前高涨的种茶积极性，“雪兰牌”绿茶已成为全省著名的品牌。

六、讨论思考题

1. 试分析雪兰茶厂所处的外部环境及其面临的机遇与挑战。

2. 根据本案例，分析产品质量对于企业发展的重要性。

3. 结合禹文超的案例，谈谈如何进行营销策划。

4. 结合本案例，谈谈对于初涉商海、资源有限的创业者来说，选择恰当的创业模式有什么意义。

（本创业案例素材由保山市农村劳动力转移办公室提供）

勤学实干兴业　求实创新发展

——记保山市隆阳区永昌牛奶有限公司总经理王治全

一、教学用途

本案例适用于指导创业者明确在创业过程中如何运用现代市场营销的观念，在做好市场调研、市场预测的基础上进行市场开拓。教学目的在于帮助创业者学会如何在市场经济的大潮中发现商机，如何收集有价值的市场信息，少走弯路，少犯错误，取得更大成功和效益。

二、企业现状

永昌牛奶有限公司成立于2002年，是一家以养殖、加工、销售为一体的牛奶公司。随着生产规模的不断壮大，生产力不足严重制约公司发展的问题日益显现，2003年10月，公司投资150万元在汉庄镇沈家村委会幸美村租用15.6亩鱼塘，新扩建加工厂房和养殖区。2007年5月，公司开始与昆明云花工贸有限公司联营，共投资180万元，建成了一条饮料加工生产线，使公司的经营范围扩大到饮料加工销售领域。2009年3月，永昌牛奶公司为便于在养殖技术方面集中服务养殖户，又创建了隆阳区幸美奶牛养殖专业合作社，并建立了专门的奶牛养殖小区。这些举措增强了公司的发展空间，进一步提高了公司的发展实力，2006年公司实现销售收入613.3万元，实现利润57万元，纳税10.1万元；2007年公司实现销售收入978.8万元，实现利润98.1万元，纳税15.2万元；2008年公司共实现销售收入1268.7万元，实现利润115.4万元，纳税16.8万元；2009年公司共实现销售收入1428.3万元，实现利润145.4万元，纳税18.3万元；2010年是公司实现跨越式发展的一年，公司共实现销售收入1855.3万元，实现利润199.5万元，纳税32.4万元；2011 年公司共实现销售收入 2257.1 万元，实现利润 227.2 万元，纳税 44.4 万元，直接在公司下属从事奶牛养殖、牧草种植、加工销售的人员达 414 人。目前，永昌牛奶有限公司是一家增长潜力巨大、有重要影响的民营企业。（见表）

永昌牛奶有限公司 2006—2011 年销售额和利税额表

年份	2006	2007	2008	2009	2010	2011
销售额（万元）	613.3	978.8	1268.7	1428.3	1855.3	2257.1
利税额（万元）	67.1	113.3	142.2	163.7	231.9	271.6

三、创业背景

王治全创业始于我国实行社会主义市场经济后，是在深化国有企业改革导致其所在企业破产被迫下岗的背景下开始的。

（一）个人背景

王治全，男，汉族，1969 年出生于隆阳区汉庄镇沈家村委会幸美四社一个贫寒的农村家庭，由于家庭生活条件的艰苦，他从小就磨炼出吃苦耐劳的精神和坚定不移的意志，养成了诚实、守信的做人原则。1996 年 1 月，王治全由于企业破产被迫下岗，同年 4 月与他人合伙创办了保山市永兴养鸡场。1996 年 9 月，王治全以养鸡场担保向农村信用社贷款 4 万多元，到大理州邓川购进 7 头奶牛，开始小规模养殖奶牛。2002 年，王治全将原保山市永昌酸奶有限责任公司收购，成立了隆阳区首家以养殖、加工、销售为一体的牛奶公司——永昌牛奶有限公司。至此，“永昌牛奶”这个本地品牌真正进入了保山的千家万户。到 2009 年 3 月，永昌牛奶公司为进一步发展，又创建了隆阳区幸美奶牛养殖专业合作社，并建立了专门的奶牛养殖小区。

（二）社会背景

中国乳业起步晚，起点低，但发展迅速。特别是改革开放以来，奶类生产量以每年两位数的增长幅度迅速增加，远远高于 1% 的同期世界平均增长水平。1979 年至 1999 年的 20 年间，中国乳制品产量和总产值增长了 20 倍以上，是这一期间全世界增长最迅速的市场之一。但同时，中国人均奶消费量与发达国家相比，甚至与世界平均水平相比差距悬殊。中国许多人还没有喝牛奶、食用乳制品的习惯，尤其是农村市场还远没有打开，还有相当部分的人因经济条件所限消费不起，消费习惯的培养还需要一个过程。

王治全正是凭着对牛奶市场前景看好的敏锐直觉开始创业的。当时牛奶市场比较混乱，许多农户不讲诚信，往牛奶中掺水作假。为解决这个问题，王治全成立了隆阳区首家以养殖、加工、销售为一体的牛奶公司——永昌牛奶有限公司，进行规模化养殖，向市民提供优质的牛奶。至此，“永昌牛奶”这个本地品牌真正进入了保山的千家万户。秉承诚信经营的理念，严把质量关，确保牛奶的品质，永昌牛奶得到了消费者的青睐，市场占有率逐渐增加，销售量节节升高，逐步赢得了消费者的信赖、社会的支持，拓展了保山及其周边的牛奶市场。

四、创业过程

1996 年 1 月，原在保山市钢铁厂任轧钢车间副主任的王治全由于企业破产被迫下岗，同年 4 月，与他人合伙创办了养鸡场。在办养鸡场期间，偶然间王治全发现牛奶市场有巨大的潜力，同年 9 月，凭借过人的胆识，王治全开始贷款小规模养殖奶牛。1998 年，王治全筹措 10 万元资金扩大养殖规模，增购了 15 头奶牛。由于资金短缺，工人数量不够，王治全不得不每天起早贪黑地干活。功夫不负有心人，通过不懈的努力和辛勤的拼打，他积累了丰富的奶牛养殖技术，而且形成了一定的养殖规模。2002 年在相关人士的协助下，王治全将原保山市永昌酸奶有限责任公司收购，成立了隆阳区首家以养殖、加工、销售为一体的牛奶公司——永昌牛奶有限公司。至此，“永昌牛奶”这个本地品牌真正进入了保山的千家万户。

2007 年 5 月，由于乳制品行业中出现不良竞争，公司为规避风险，扩大了营业范围，公司投资 180 万元和昆明云花工贸有限公司联营，建成了一条饮料加工生产线，使公司的经营范围扩大到饮料加工销售领域。随着社会经济的发展，在公司带动下，永昌牛奶公司与 50 多户养殖户建立了良好的互助关系，养殖户逐步增加，进一步带动了农民工的就业。2009 年 3 月，永昌牛奶公司为在养殖技术方面便于集中服务养殖户，又创建了隆阳区幸美奶牛养殖专业合作社，并建立了专门的奶牛养殖小区。至此，永昌牛奶公司与养殖户真正走上了“公司+农户”的良性发展轨道。

五、经验与启示

王治全在改革开放的浪潮中，勇于拼搏、乐于奉献，对事业认真负责，在乳制品行业这个广阔舞台上实现着自己的人生价值。在创业中树立诚信乃成功之本的信念，靠勤学实干兴业，靠求实创新发展，一人富带动一片富，造就了今天的事业，成就了一名下岗失业人员再创业致富的楷模。本案例中王治全创业成功的经验与启示如下。

（一）以敏锐的眼光，抓住市场机遇

1996年，在办养鸡场期间，王治全对保山牛奶市场需求进行调查研究时，发现随着人们收入水平的提高，被西方人称“人类的保姆”的牛奶，市场需求量很大，当时只有家里有幼婴儿或者老人的家庭才能从单位或居委会领到奶卡，凭卡购奶。王治全认为这是一个千载难逢的市场机会，贷款开始小规模养殖奶牛。正是凭借敏锐的眼光，王治全才从小规模养殖奶牛发展到成立牛奶公司，谱写事业发展的新篇章。

（二）王治全重视产品质量

在市场经济日益发达的今天，质量对于一个企业的重要性越来越强，产品质量的高低是企业核心竞争力的体现，提高产品质量是保证企业占有市场和持续经营的重要手段。为了满足市场的需要，许多农户不讲诚信，往牛奶中掺水作假，但王治全坚守诚信经营的理念，严把质量关，保证牛奶的质量，逐步赢得了消费者的信赖、社会的支持，拓展了属于自己的消费群体。

（三）用优质的服务开拓市场

赢得了顾客就会赢得市场，而赢得顾客的根本是服务，所以永昌牛奶决定从顾客做起，在服务上超越竞争对手。抓住消费者的需求关键是“知已知彼”。所谓“知已”，首先是自己对每个产品的特点、价位等了解得清清楚楚，平时注意搜集顾客使用产品后的感受、变化等。“知彼”就是你要了解顾客的真正需要，知道他想要什么，结合自己的产品知识、行业背景，满足他的需求。王治全凭借自己产品的优秀质量，提供相适应的配套服务，满足消费者不断变化的需求，赢得了消费者的肯定，赢得了市场。

（四）重视同奶农的合作

随着社会经济的发展，在公司带动下，永昌牛奶公司与50多户养殖户建

立了良好的互助关系，养殖户逐步增加，进一步带动了当地的就业。到2009年3月，永昌牛奶公司为在养殖技术方面便于集中服务养殖户，又创建了隆阳区幸美奶牛养殖专业合作社，并建立了专门的奶牛养殖小区。至此，永昌牛奶公司与养殖户真正走上了“公司＋农户”的良性发展轨道。可以看出，和奶农加强合作是奶企良性发展的正确道路。

（五）王治全具有创业胆识、拥有坚韧不拔的精神

王治全虽然经历了下岗失业，但并没有对生活失去希望，反而通过调查市场、走访农村，结合当地实际情况，依靠信贷和亲朋好友的支持，筹措资金先后成立了保山市永兴养鸡场和永昌牛奶有限公司，王治全凭着过人的胆识承受这么大的风险，这种魄力值得敬佩。每个创业者都需要具备这种非凡的胆识，能够有胆量做出重大的人生选择，能够坦荡荡地面对机遇和挑战，能够在渺茫的机会前，拼尽全力，破釜沉舟，背水一战。这种胆识，更像是一种贴近实际的战略智慧，人生也正是因为这样的智慧而释放光彩。创业的过程，就是一个从无到有的过程，也是一件开天辟地的事情，需要创业者具备足够的创业智慧。

六、讨论思考题

1. 王治全取得成功后，不忘帮助周围农户的发展，结合本案例谈谈你对企业家社会责任的看法。

2. 作为一名下岗失业人员的王治全能够创业成功，你认为有哪些经验可以借鉴？

3. 有人认为王治全的成功更多的是由于当时特殊的环境和运气，现在情况不同了，如果他现在开始创业，不一定能成功。对此你的观点是什么？

4. 如果你要创立一个新的企业，将从哪几个方面来运用国家和政府的优惠措施？

5. 从本案例中你的最大体会是什么？

（本创业案例素材由保山市农村劳动力转移办公室提供）

以人为本 打造核心营销团队

——昆明圣魁农资有限公司梁大明的创业之路

一、教学用途

创业能否成功，人是第一因素，有什么样的人才就会有什么样的企业。对于创业者来说，选择合适的创业团队对事业的发展起到举足轻重的作用。本案例将介绍创业人员的组合以及营销团队的管理。

二、企业现状

昆明圣魁农资有限公司是专业从事农资（农药、高端化肥、植物生长调节剂等）销售服务为一体的省一级代理公司。公司成立于2007年10月，销售网络覆盖全省各地，部分产品出口越南、缅甸等国家，公司现有员工80余人，办公及员工住宿场所900平方米，配送车辆12辆，仓储面积3000平方米。在公司成立的4年多时间里，每年的销售额均以不低于100%的速度增长，如今的市场份额已赶上了行业内其他公司15年的发展份额。2010年公司年销售额突破1000万元；2011年公司年销售额又创新高，突破2000万元，可这不是他们的最高业绩；2012年公司战略定位突破4000万元业绩关口。数字是辉煌的，但是在辉煌的数字背后却凝聚了创业者梁大明及合伙人的全部心血。

三、创业背景

（一）个人背景

梁大明出生于云南省文山州一个偏远的农村，自小跟随父母白天下地耕作，生活过得清贫。村中同龄小孩因家庭贫穷，上完小学大部分人已辍学在家，但父母并未放弃让他学习知识的机会，让他继续读书，他很珍惜上学的机会，中学成绩一直保持班级前几名。农村的艰辛，让他自小就立志要改变农村的贫困和落后，在中学毕业后他第一志愿选择了跟农业有关的专业，并报考了云南省农业学校园艺专业。2004 年毕业实习期间，他到绿化公司实习。他还清晰记得，自己是多么珍惜那份工作，虽然月薪只有 300 元，可他还是全力以赴，每天认真地给自己负责的养护区域内的花草浇水、清除杂草等养护工作，快毕业了，实习也到期了，公司领导认可了他的付出，也很欣赏他，让他留下，并承诺给他涨工资。在他的心里，也很满足这样的工作，辛苦而充实。但这样的时光并没有持续多久，在工作后第 3 个月的一天，公司因为业务需要，聘请了几个临时工一起参加草坪的养护工作，吃中午饭聊天时从临时工口中得知临时工的工资是 80 元/天。他算了一下，自己的工资只相当于临时工一个月工资的零头，心想这几年书白读了，如果继续工作下去别说改变农村，连家庭、个人也改变不了。最后还不如公司聘请的临时工，于是他选择了辞职。辞职后经过再三考虑，选择了与农村直接接触的农资销售行业。

他没有工作经验，没有高学历，当他到第一家公司面试时，当时的面试官看着他说："你现在的情况想进入公司技术部门可能有难度，不过公司现在基层岗位有人员空缺，不知道你愿不愿意。"他当时问也没问，马上答应了。可当他工作 1 个月后才知道，基层岗位是推广助理，工资待遇 300 元/月，供住不供吃，这样的待遇在第 1 个月领工资时欠公司 87 元。

他告诉自己，这是自己的选择，如果整天只为工资选工作，那不可能实现梦想的，几年后还得为工资多少而努力，他决定留下来，为他的梦想而努力。他跟公司老板交流了自己的梦想，请求给予他一定的学习机会，可能是因为他的积极态度，老板让他到市场部学习推广工作，第二天他背起行囊就下了市场。他坚信努力不一定会成功，但不努力一定不会成功。半年的推广工作让他迎来工作中的第一个机会，公司要拓展业务，开拓文山州市场，他成为唯一有潜力任市场业务员的人选。开始了业务生涯，一年后，当他圆满完成公司交给的任务后，公司年终奖金却只有 1000 元（同期同行公司业务员提成至少 10000 元以上），当然这时他的工资也只是 600 元/月，回家过完春节后上昆明的路费还是奶奶给的。

他有些失落，想离职。回到公司跟主管（也是他现在的合伙人）交流自己的想法，主管一句话让他打消了念头："销售行业，胜者为王。"当然他知道主管是从 100 元/月工资供住不供吃过来的，现在还如此努力。他留了下来，可又一年的销售工作让他加大了公司的债务，年底结算扣完所有提成、奖金后他还欠公司 2000 多元，他无奈地从公司处借支 1000 元回家过春节。虽然他志在农业，可他知道这个公司不再是他该留的地方，就这样，他节衣缩食地过了半年，在还完公司欠款后离开了公司。凭借自己对行业的认识，他成功进入第二家农资公司，在那里他发挥了自己的才能，一年内通过努力，积攒了一部分资金，凭个人的经验，认为可以创业了，便辞去了工作，回到老家开了一个农资专营店。由于过于自信和对自己的能力没有很好地评估，加上缺少管理经验，几个月后，之前工作积累的资金基本亏完了，小店只有关门。他开始重新认识自己，当然对自己能力也做了整理，他需要有管理经验。他又一次提起勇气，选择了一家较小的农资公司，出任营销总监一职，一干又是一年，他才知道自己志在农村，但不一定回到农村才能发展。考虑问题应该看得更广，站高一点，才能实现自己的梦想。他又一次开始探索实现自己梦想的路，他选择再次创业，经过了第一次的创业失败，他知道一个人的力量是有限的，必须以团队的力量才能抵御风险，实现梦想。他选择了最佳的合伙人，成立了昆明圣魁农资有限公司。

（二）社会背景

我国政府把加强农业基础，改善农村生产生活条件，增加农民收入作为整个国民经济工作的首要任务。在农业发展进入新阶段后，政府坚持扩大内需的方针政策，坚持发展农业生产力，实施西部农业大开发，启动农村基础设施建设，扩大和培育农村消费市场，成就了农资行业的高速发展，但从农资营销的现状来看，与国内其他行业的营销水平相比，处于较低的水平。

农资行业由于市场化的步伐进展缓慢，很多农资企业都还停留在旧的经营模式中。这些年，由于竞争的不断深入，虽然有了明显的改进，但还是不能跟上市场的脚步，要改变这种局面，农资企业就要改变观念，转变角色，主动迈开大步，赶上市场的步伐，农资企业亟待提高营销水平。厂家由"生产批发商"向"服务商"转变。要完成这个转变，必须要有跨越式的思想进步：要从单纯的产品经营中走出来，步入品牌营销的时代。企业真正成为值得经销商信赖的好伙伴，关键在于推出真正适合当地市场需求的产品，了解所在的地区农业生产上需要什么农资产品，什么产品怎么使用，能有多大的销量，在什么季节该卖什么品种，等等。同时要做好技术服务、终端商产品培训等工作，帮助农民解决生产上的实际问题，区域经销商和各级业务人员要真正成为终端商和农户的贴心人。让服务由“大众化”向“个性化、差异化”转变。

四、创业过程

2007 年 9 月，经过长期的思考，梁大明决定辞职出来创业，并与志同道合的杨向荣等创业伙伴一起，向亲戚朋友筹集了 20 万元钱，创办了昆明圣魁农资有限公司。创业的艰辛是常人难以想象的。有了创业的想法后，他选择了立马行动。虽然他没有创办公司的经历，也没有财务管理、税务申报等等经验，但他告诉自己，既然选择了，就让一切困难都来吧。凭借他和合作伙伴们的经验，他们不创办公司也可以赚到比打工更多的钱，但为了长远发展，他们选择了合法化经营，成立农资销售公司。他们开始为公司的成立全面展开工作，看似简单的公司注册，他们花了两个多月的时间。没有车，就坐公交车，单为公司名称他们就来回奔波于住所与工商局之间，3 天才把名称核准下来。农资属于特殊行业，成立公司需要办理农药经营许可证，可没有社会关系，请人办理，得花很多的办理费，他们没钱，只得靠自己。他们到了职能部门一坐就是一天，把自己的情况说了又说，他们的诚意打动了办事人员，很快得到了有关部门的答复：“只要你们所有手续齐全，可以办理农药经营许可证。”他们抓住了机会，经过一系列努力，用了 1 个月才拿到了许可证。

一切准备就绪，只需资金到位他们就可顺利拿到营业执照。可资金是他们最为头痛的事情，四个人东拼西凑总算把注册需要的 20 万元凑齐。为了节省开支，他们租用较为便宜的城中村房屋作为办公场所。可就是这样一间廉价的民房，他们徒步找了几天才确定下来。公司刚成立，一切从简，每人每月只发 600 元的工资，每天出差补贴也只有 35 元，把一切能省的都省下来，哪怕一页纸也重复使用多次。就算是一个已经用过的信封，也会被拆开来做草稿纸。

公司成立初期，他们开始为货源发愁，没有资金，没有网络，直接代表着没有抗风险能力，没有生产厂家愿意把产品给他们代理。在他们面前的一条路是靠刚建立起来的关系，用现款先进一部分产品。而另一条路是只有主动出击，他们利用互联网查询了国内大大小小几百家农药生产企业的电话号码，每天都在不停地电话联系谈合作。同时合作伙伴直接前往山东洽谈合作事宜。功夫不负有心人，在不懈的努力下，最终有两家公司愿意和他们合作，条件还是现款，就这样在现款无任何支持的情况下，他们把公司启动的20万元资金都投入到了合作中。

他们没有退路，所有业务往来都得靠自己动手。记得那时，60吨化肥产品到货，为了省下搬运费，他们4个人一起上，自己装卸完毕，虽然浑身无力，可第二天起床还得一如既往地努力。他们团结、相互包容，为了共同目标全力以赴，2008年销售周期结束，公司完成了240万元的销售额，扣除各项费用，第一年销售实现盈利20万元。他们的成功有了起点，有了更多的希望。

五、经验与启示

（一）组建营销团队，提升营销能力

有了2008年的市场基础，2009年，公司开始扩大市场，着手组建营销团队，在这一年里，公司招聘了8名业务人员加入了销售队伍。为了能够让新人尽快进入角色，他们亲自带队，每个股东负责一个区域的指导工作，将他们所掌握的技能一点一滴、手把手地教给新人。培养新人的各种销售技巧和销售能力，他们的努力很快见到了成效。2009年，他们完成了580万元的销售额。

付出总有回报。创业的激情在公司燃烧，公司上下一心，全力以赴，不断进取。2010年，公司营销队伍扩大到了15人，其中骨干人员6人。他们将员工当做自己的兄弟，为他们设计好了未来5年的职业规划，同时在公司核心岗位上对他们采用了股份回报，他们一点私心都没有地将公司的核心机密全交给了骨干人员，可就是这样无私的培养，却为日后公司核心团队的出走埋下了伏笔。他们积极采取各种营销策略，加强核心客户群的建立，加大公司的品牌宣传。2010年，他们超额完成了年度计划，创出1000万元的销

售业绩。

胜利来得太突然，麻痹了他们的思想，也短期阻碍了公司的发展。他们整个年度把工作的重点全部放在了销售上，忽略了员工的心理，年底公司发完奖金后几个骨干联起手来另外成立了销售队伍。公司的创业历程激励了手把手带出来的核心销售团队，让他们有勇气成为像公司创业者一样的人。他们成了受公司创业者影响最幸运的一批人，虽然他们离开后挖走了公司合作的一些客户网络，并挖走了公司部分人员，也对公司市场造成了一定的冲击，虽然他们见证了公司的成长，也在成长过程中体验到了创业的激情，但是他们忽略了一点，创业者们是从负资产起家的，公司的成功不只是努力的结果，更多的是心血。

昆明圣魁农资有限公司在这三年市场发展中成了云南省农资界成长最快的公司，特别是当核心销售团队离开后，同行们都在注视着他们，都在琢磨着他们会不会只不过是昙花一现。核心团队的出走，搅乱了创业团队平稳发展的憧憬，但他们没有被困难吓倒，在“让一切困难都来吧”的誓言的激励下，他们利用这几年累积的人脉及各项资源，在两个月的时间内完成了空缺人员的招聘、市场渠道的维护、客情疏通及公司内部各项工作流程的完善。他们总结了经验，困难让他们变得更加强大，2011 年又一次递交的让人意想不到的答卷，销售额突破了 2000 万元。虽然在行业内站稳了脚跟，他们没有满足，开始了新的探索之路，在公司稳定下来后，他们投资控股了注册资本 500 万元的连锁公司“云南穗丰农资连锁有限公司”。

（二）注重员工培训，加大营销人员储备

总结了人员流失的各方面原因后，公司加大了人才储备工作，设立了人力资源办公室，加强了企业文化建设等。第一批员工的流失让他们深刻地认识到不同阶段、不同类型员工的需求是不一样的。依据人的需求，员工需要解决个人生活问题，需要发展，他们之前对员工的培养存在一定的片面性，即过于培养员工的综合能力，忽视了员工的收入问题和对需求的不断提高。在弄清公司核心团队离职的原因后，他们聘请了专业的人事经理，并遵照专业的事让专业的人去做的原则，设立了人力资源部。人力资源部的设立，为他们解决了公司人事方面的核心问题。人力资源部根据公司的发展速度，结合员工的实际需求，在公司薪资体系建设、员工岗位晋升、能力培养方案、个人职业规划等方面进行了全面的改革。同时与各大专业院校进行长期人才合作规划，为公司一线人员的稳定保障打下坚实基础。同时，优秀员工晋升机制的建立，为公司在挑选管理层岗位时充分发掘优秀员工奠定了坚定基础。公司还对优秀的管理层结合其发展需求，制订了各方面的成长计划。现在，通过人力资源部考核后，一部分优秀的核心销售团队公司给予了股份分红回报，也有部分管理层人员在公司其他项目设立时成了公司的合伙人。

“小企业看人，中企业看制度，大企业看文化。”一个企业要长久发展，就必须要有属于他的企业文化。为此，公司也着手开始了文化的建设，这不是一朝一夕就能做好的。但只要不放弃，公司创始团队的灵魂就会不断地得到复制，影响一批又一批像他们一样有着自己的理想，并立刻行动的年轻人。他们也愿意不断培养一个个能为自己使命而主动出击，勇于创业的合作伙伴。

让他们欣慰的是，在一系列变革之后，2012 年开年上班之际，核心销售团队一个没落地回到公司报到，这是对他们的鼓励。他们也深刻地体会到“员工和创始团队不再是简单的合作，创始团队肩负了让员工们快乐的使命，企业不发展就是在扼杀员工的希望，只有不断前进，才能让不同的员工开启更多的希望之门”。

（三）差异化营销，拓展市场份额

2011 年 11 月 18 日，在圣魁农资走过的第 4 个年头，他们在昆明福保文化城召开了“圣魁农资首届战略联盟会议”，接待了全省合作客户 400 余名，这个参会数字和接待人数也创造了云南农资流通领域的一个奇迹。首次组织这样大型的会议，对每一个环节他们都做得井井有条，让参会客户赞叹不已。特别是公司领导人员对企业未来发展规划的部署和实施的周密计划，大大加强了公司与客户紧密合作的信心。如此的会议规模，也强化了公司在行业内部的影响力。会议也真正落实了公司与客户之间“战略联盟”的真正意义。

2012 年开年之际，他们的付出再次得到了回报，上门洽谈合作事宜的厂家每天都络绎不绝，他们也抓住时机，对公司的产品结构做了全面的完善。现在他们对产品结构的总结是：“只要云南省农作物需要的，防治农作物病、虫、草害和农作物营养需求的农资产品，在我们的仓库都能找到 98% 的对应产品。”

公司在进步，责任也不断在加大。如今他们不再只关心农资销售，为更好地服务农业生产，结合省内行业实际，在2011年初，投资控股了云南穗丰农资连锁有限公司；在2012初，投资成立云南季季丰农资连锁有限公司。在经营策略上，昆明圣魁农资公司走渠道营销，云南穗丰农资连锁有限公司以加盟连锁店开发，云南季季丰农资连锁有限公司走种植大户服务的路线。三个公司互为依托，互相支持，走差异化营销的道路。依托三个公司的业务优势，合并组建云南农资流通领域第一家集团公司，全面负责农业种植的全产业链植保服务。对于他们所从事的行业，只要有农民的存在，使命就不会停止；只要员工还在，他们的责任之火永不熄灭；他们的创业经历也说明了阳光总在风雨后！

六、讨论思考题

1. 请谈谈昆明圣魁农资有限公司如何经营产品、品牌和渠道以提高市场份额。

2. 针对农资行业内营销队伍的综合素质不高、队伍管理水平不高、运作技巧缺乏等问题，谈谈应如何建设营销团队。

（本创业案例素材由云南农业职业技术学院教师许邦丽提供）

第四部分

技能技术篇

学习新技术　创业有保障

——马龙县马过河鑫乡食用菌种植加工示范基地创始人杨培根的创业历程

一、教学用途

本案例适用于指导农民工返乡创业过程中产品项目的选择和开发，教学目的在于帮助返乡农民工自主创业时选择熟悉的产品和技术，掌握在政策的支持下，怎样才能更好地发挥自己的技术技能特长，提高产品的质量，满足消费者的需求，保证创业的成功和企业的发展壮大。

二、企业现状

位于云南省曲靖市马龙县的马过河鑫乡食用菌种植加工示范基地是以杨培根为核心的一家生产食用菌的种植基地。2007 年 5 月，杨培根选择自己熟悉的食用菌种植技术为项目，在乡亲们和当地政府的共同帮助下成立了马过河鑫乡食用菌种植加工示范基地。基地目前占地面积已达到 220 亩，白蘑菇种植面积 4 万平方米以上，年产量 400 吨，金针菇年生产达 1100 吨以上的规模。并带动全县 56 户种植大户投资 550 余万元建盖菌房 56480 平方米进行白蘑菇种植，908 户农户利用冬闲烤房种植白蘑菇 40000 余平方米。实现了农村富余劳动力或城镇失业人员 1250 人就业，人均月收入达 800 元以上。基地还将筹备组建一个食用菌种植协会和食用菌专业合作社，利用行业管理的力量，努力把基地建成以白蘑菇种植为主、多种食用菌共生，产、供、销一体化，能更大范围辐射带动蘑菇种植产业发展的龙头企业。

三、创业背景

（一）个人背景

杨培根，男，1978 年 1 月出生，初中毕业，马龙县马过河镇麻衣村的一个普通农民。曾经面朝黄土背朝天地生产劳作，家庭经济收不抵支的无奈使杨培根下定了改变现状的决心，造就了他执着的信念。1999 年他在福建漳州一个食用菌种植基地打工，学习到白蘑菇种植技术，掌握了食用菌的配置、发酵料水分调节及生产管理等关键环节的技术要领。2007 年 5 月，他返乡创办了马过河鑫乡食用菌种植加工示范基地 。经过努力，如今基地已达到白蘑菇年产量 400 吨，金针菇年产量 1100 吨以上的规模，成为马龙县返乡农民工创业致富的带头人。

（二）社会背景

马过河镇位于马龙县城西部，东接王家庄镇，南接旧县镇，西北与昆明市寻甸县接壤，属典型的山区、半山区农业小镇，国土面积 131. 79 平方公里，总人口 1. 49 万人，辖马过河、麻农、车章、何家村、鲁石 5 个村委会 31 个村民小组，居住着苗、彝、回、傣等民族。镇政府驻地距马龙县城 27 公里，东距曲靖 60 公里，西距昆明 107 公里，南距昆曲高速旧县立交桥 6 公里，贵昆铁路、320 国道穿境而过，马寻、马澄 2 条省道在此交会，交通十分便利，区位优势明显，素有“小码头”之称。但在马龙镇多以农耕为主，有很多富余的劳动力。当地县、镇党委、政府对新农村的建设特别重视，在杨培根的基地建设初期，及时从政策、资金、技术等方面给予了大力支持。

四、创业过程

1993 年，由于家境贫寒和自身方面因素，初中毕业的杨培根放弃学业回到了久居的小山村，开始了近 3 年日出而作、日落而息，同父辈一样面朝黄土背朝天的农村生活。当看到父母和村民们一年到头地辛勤忙碌，但家庭经济仍然收不抵支而感叹的无奈表情时，他深深感受到了农民的艰难和辛苦，后悔自己当初为何不好好念书。一心想改变所处的困境，当看到村里年轻人纷纷外出打工，他也萌生了“出外闯天下”的念头，并一直寻找着合适的机会。在 1996 年县劳动就业服务机构组织的农村劳动力转移输出活动中，他也踏上了打工之路。

到福建漳州龙海市一家食用菌种植基地打工是一次很偶然的机会，他看到这条招聘食用菌种植员工的信息时，只是抱着试试看的想法去了。可这一去，就是8年。8年的时间，他十分珍惜这份既可以学到技术，又可以挣钱的工作，他一边脚踏实地地做事，一边倾心钻研食用菌种植加工技术，很快便熟练地掌握了菌种培植、发酵料水分调节及生产管理等关键环节的技术要领，赢得了老板的信任和赏识，为自己在外站稳脚跟和安家立户打下了坚实的基础。

致富不忘家乡穷。每当夜深人静的时候，故乡那贫穷落后的面貌便经常浮现在他眼前，回乡创业的冲动一次比一次强烈，时刻撞击着他内心深处。杨培根是个非常执着的人，一旦决定的事情，他就会勇往直前地去追求和奋斗。当他终于鼓起勇气跟妻子道出他想法的时候，没想到知书达理的妻子却给予了充分的理解，并帮助他说服了老人，辞掉了令人羡慕的工作，放弃了舒适安逸的生活，陪同他回到了偏僻落后的家乡，开始了艰难的创业生涯。

俗话说：万事开头难！回乡后，为筹集创业资金和解决土地问题，他四处奔走，挨家挨户地找人借钱。为此，哥哥甚至卖掉了自己在曲靖购买的准备给子女读书居住的房子。他的创业行动被当地镇政府和相关部门得知，他们积极为他协调银行贷款和创业小额信贷，以较低的价格将土地优先租赁给他。在大家的共同帮助下，2007年5月，他的创业“殿堂”——马过河鑫乡食用菌种植加工示范基地，一个总投资130万元，有10间标准菇房，面积达6000多平方米的白蘑菇种植加工基地正式建成。

在投入生产的最初阶段，困难接踵而至，由于白蘑菇种植的主要原材料是稻草和干牛粪，但村民们为饲养大牲畜不愿出售稻草和传统观念不愿捡拾干牛粪卖的现象相当普遍，原材料的供应成了起步的首要难题。为保证原材料的长期供应，促进产业的不断发展壮大，他除了做村民思想工作、适当提高原材料收购价格外，还购买了苕子等既能肥土壤又可做饲草的种子，免费给农户种植作为耕牛饲料，将白蘑菇采摘后留下的各种废弃物作为绿色农家肥免费送给村民做肥料使用。这样不但实现了稻草、牛粪的深加工利用，而且还极大地改善了当地的生态状况和居住环境。通过他的不懈努力，村民的思想日渐变通，周边村民种植饲草、销售稻草和利用闲暇时间专门外出捡拾牛粪卖钱的人越来越多，不仅解决了原材料供给问题，还为村民提供了一条就业和增收的渠道。凭着多年从事白蘑菇种植掌握的经验技术和市场信息，基地建成投产的同年8月，虽受特大冰冻灾害的影响，但他还是淘到了返乡创业的第一桶金，一期60余吨产菌销售后净赚20多万元，实现了创业开门红。

随着种植规模的不断扩大，作为一名只有初中文化水平的农民工创业者，文化知识的匮乏和山村信息的闭塞使他工作起来明显感到力不从心。学习先进的种植技术、管理办法和及时掌握市场动态成为迫切需要解决的当务之急。他一方面大量钻研专业书籍，看不懂的就向妻子或其他专业人士请教；另一方面经常跑到镇政府找人帮忙上网查阅资料。县、镇党委、政府了解到他的情况后，也及时从政策、资金、技术等方面给予他大力扶持，使他深深感受到了党和政府的殷切希望和关怀。在这样一个良好的政策环境下，他的白蘑菇种植产业得到了迅速发展壮大，效益一期更比一期好。现如今，园区占地面积220亩，种植白蘑菇4万平方米以上，年产量400吨；金针菇种植全部实现自动化生产培育种植，年生产金针菇达1100吨以上。

自己富不算富。在自主创业的日日夜夜里，杨培根时刻没有忘记回乡创业的初衷，没有忘记还在贫困线上挣扎的父老乡亲。通过种植白蘑菇带来的丰厚效益，在家乡那个贫穷的山村产生了极大的示范效应，低投入、高产出的白蘑菇种植很快吸引了人们的眼球，许多村民纷纷把期盼致富的目光投到了他的身上，投向了小小的白蘑菇。在杨培根的带动下，1000余农户开始种植食用菌。他尽可能地优先把像他当初一样想学技术的村民接收进基地打工；把有志从事白蘑菇种植的村民组织起来，定期举办白蘑菇种植技术培训班，并毫不吝啬地把自己的种植基地作为教学现场，免费向他们传授种植技术和经验做法。与此同时，他还积极引导和鼓励村民们加入白蘑菇种植行业，走共同致富的白蘑菇种植路子。

在他的带动和影响下，白蘑菇种植已正从周边村落向其他乡镇悄然辐射。达到了非常喜人的成果。看到这些种植户致了富，他看在眼里，喜在心上。但如何使这个绿色产业在全镇乃至全县得以发展壮大，如何通过这个产业的推动达到让更多的乡亲增收致富是他创业以来一直思考的问题。他早就打算好了，下一步，他将筹备组建一个食用菌种植协会和食用菌专业合作社，利用行业管理的力量，努力把自己的基地建成以白蘑菇种植为主、多种食用菌共生，产、供、销一体化，能更大范围地辐射带动蘑菇种植产业发展的龙头企业。他相信，只要有好的政策作保障，他的白蘑菇种植事业一定能取得更大的辉煌，他们贫穷的小山村一定能早日脱贫致富。而且，无论他的企业发展到什么程度，他的创业宗旨都不会改变，那就是让更多的农村富余劳动力多一条就业出路，让更多的人通过种植白蘑菇这一新兴产业走上快速致富路。

五、经验与启示

（一）依靠自己的技能，在熟悉的领域创业

在创业过程中，创业者应选择熟悉的领域进行创业，充分相信自己所掌握的技能创造财富，并与时俱进深入学习该领域的知识与技能，改进产品，扩大生产。杨培根早期在福建漳州龙海市一家食用菌种植基地打工 8 年，这期间，他十分珍惜这份既可以学到技术，又可以挣钱的工作，他一边脚踏实地地做事，一边倾心钻研食用菌种植加工技术，很快便熟练地掌握了菌种培植、发酵料水分调节及生产管理等关键环节的技术要领，这为以后的创业提供了别人没有的技术和技能。

（二）政府是农民创业可以依靠的强大力量

企业的发展，与当地政府的支持息息相关。在企业遇到困难时，首先要与当地政府联系，紧密结合国家的政策，才不会与市场的运行脱轨，产品才会有销路，企业才能壮大。在杨培根创业的过程中，当地政府及时从政策、资金、技术等方面给予他大力扶持，帮助他克服了创业中遇到的种种障碍，推动企业不断发展。

（三）不断学习新技术，靠技术求发展

杨培根作为一名只有初中文化水平的农民创业者，在种植规模扩大后，明显感受到文化知识的匮乏和山村信息的闭塞严重制约了企业的发展。于是他一方面大量钻研专业书籍，看不懂的向其他专业人士虚心请教；另一方面经常跑到镇政府找人帮忙上网查阅资料。学习使得杨培根的技术水平不断提升，为新产品、新项目的开发奠定了坚实的基础。

六、讨论思考题

1. 结合杨培根的创业历程，谈谈技能是如何保证创业获得成功的。

2. 如何理解杨培根免费传授白蘑菇种植技术及经验给他人的行为？难道他就不怕竞争者越来越多，影响到他自己的经营吗？

3. 如果你处于杨培根的位置，谈谈你对今后白蘑菇种植的经营发展思路。

（本创业案例素材由曲靖市劳务产业开发办公室提供）

因地制宜　走产业化发展之路

——记永胜县片角果蔬经济技术合作协会会长雷志洪

一、教学用途

本案例适用于指导创业者充分考虑当地环境，做好创业项目的选择和产品技术的引进。帮助创业者在自身所处的自然环境下，学会如何打破常规，因地制宜，选择创业项目；如何利用引进的技术，来改变产品的品质，达到市场的需求，增强其产品的竞争力，并扩大生产。

二、企业现状

2005 年 3 月 12 日成立的片角果蔬经济技术合作协会是一个以雷志洪为领导核心的主要生产石榴的协会，以“石榴—奶牛—沼气”一体发展为产业结构。在雷志洪的带领下，片角果蔬经济技术合作协会生产的石榴“卜甲红”于 2008 年走出国门，打入了越南市场，2009 年共生产甜石榴 1100 吨，销售收入达 350 万元，取得了良好的经济效益。目前全村共种植甜石榴 2500 亩，技术引进的酸石榴 1600 亩，全村农民走上了致富道路。同时经过多次考察后实行的“石榴—奶牛—沼气”一体发展的结构取得了明显的生态效益，改变了以往卜甲荒山、荒坡的面貌，山沟、山箐免除了洪水的冲刷，当地自然灾害明显降低。

三、创业背景

（一）个人背景

雷志洪，云南省丽江市永胜县片角乡卜甲村人，一名普普通通的共产党员，曾在卜甲村委会工作多年，1998 年任卜甲村村长，1998 年至 2010 年 5

月任卜甲村委会书记、主任，有多年的基层领导经验。作为村委会的主要负责人，他具有豁达开朗、果敢坚毅、善组织交际、敢作敢为的人格魅力。多次被评为省、市、县、乡先进个人，2009 年 6 月荣获云南省优秀基层党组织书记称号，同年获得云南省人民政府“学科学，用科学”积极分子称号，2010 年荣获丽江市基层党组织建设先进个人称号，并曾四次受到永胜县委、县政府表彰，四次受到片角乡党委、政府表彰。2010 年村委会换届时，他主动向组织提出申请，退出村委会书记、主任竞选，一心一意从事协会工作。

（二）社会背景

雷志洪所在的云南省丽江市永胜县片角乡地处永胜县最南端，东南面与宾川县接壤，西面与鹤庆县相邻，北面与涛源、东风两乡隔江相望。素有永胜“南大门”之称。片角乡的卜甲村分为山区、半山区、河谷区，多为山地荒坡，干旱少雨，绿色植被较少。多年来全村 980 户，共 4260 人，靠种玉米、水稻为生，风调雨顺的年份衣食有余，如遇干旱年份则吃穿难保，大面积的玉米地占了卜甲近 30000 亩种植区域总面积的 60%，每到 11 月至次年 6 月份到处是黄土荒坡，如遇大雨，村庄周围的山坡到处是沟沟壑壑，水土流失严重，广大群众深受其害。

四、创业过程

面对着满眼山地荒坡，沟沟壑壑，水土流失严重的家乡，看到干旱年份吃穿难保、困苦不堪的乡亲们，作为村委会主要负责人的雷志洪看在眼里，痛在心里。他苦苦寻求既能增加群众收入，又能改善自然环境的解决办法。在本地区少部分农户有种植甜石榴的传统，通过对石榴种植进行认真考察、论证，雷志洪发现石榴种植既能抗干旱，又能保持生态，还可增加群众收入，是一条调整结构促发展，生态产业变卜甲的可持续发展道路。于是，雷志洪大胆决定，在卜甲大力发展石榴种植，改变以往大量种植玉米的传统习惯。

发展路子好定，但实际操作起来却不易，特别是在农村，村民的思维固化，如果没有显著成效，要改变全村人的传统种植习惯，困难重重。但雷志洪认定只要是为群众办好事，就一定能成功。于是雷志洪首先从自我做起，在房前屋后种起了石榴，并砍掉自家地里的玉米，选种优良石榴品种进行试验示范种植。同时号召亲朋好友、党员团员进行试种，慢慢地，部分群众在他的引导下，也试验性地进行了石榴种植，但是观望、徘徊的群众仍居多数。雷志洪并没有急躁，他心中明白，不看见效益，再好的项目，群众也不会相信。石榴种植效益周期较长，短期内不可能见效，雷志洪耐心地坚持着，带领全家老小顶着烈日，每天挖塘、担水、育苗。那些日子全家辛苦操劳倒是其次，最难忍受的是部分群众的不理解，认为他是为自己捞政绩，为自己的村委会书记、主任职务添光彩。而雷志洪默默忍受着，坚持着，憋足劲大力种植石榴，他要让事实证明，卜甲村发展石榴是一条发展致富的好路子。

所谓皇天不负苦心人，经过艰辛劳作，精心种植，雷志洪种植的石榴有了一定规模，特别是房前屋后种植的石榴绿树成荫，家里凉风徐徐，犹如安装了天然空调，茶余饭后，人们都聚在他家纳凉消暑，炎热的夏天也不再高温难耐了，石榴种植初显生态效益。在雷志洪的带动、引领下，在卜甲村范围内示范种植石榴获得成功。看到显著的效益，原先徘徊、观望的农户接受并自愿种植的越来越多。随着种植面积扩大，卜甲村人对种植石榴的要求也逐步增强，要求引进优良品种、提供种植技术服务、统购生产物资等，于是在农户自发组织的基础上，2005 年 3 月 12 日成立了片角果蔬经济技术合作协会，雷志洪当选为会长。从此，雷志洪一心扑在了协会事业上，全心带领全村人种植石榴。他结合村委会工作实际，将协会创办为“支部 + 协会 + 农户”的运作模式，和以石榴为主发展生态产业。

与人一样，片角果蔬经济技术合作协会的发展注定了要经历一番挫折才能真正地成长起来。就在 2006 年石榴种植在卜甲村大面积推广，农户都以为付出的汗水终于要有了回报，雷志洪本人也期待有一个好的收成，前期栽种的部分石榴可上市出售的时候，由于当地的交通不便、信息不畅、产量不大、收购场地限制等因素，导致当年产出的石榴大部分没有及时卖出，石榴在树上开裂的开裂，落果的落果，协会会员及种植户入不敷出，损失较大。协会会员们愤恨不已，迁怒于雷志洪。近 200 人将雷志洪围困于村委会，列数他九大罪状，其中一条，就是责备雷志洪年少气盛，做事不稳，石榴是他叫栽的，损失要由他负责。事实上因石榴销售不了，雷志洪的损失最大，但他忍住委屈的泪水，任由群众说骂，承诺设法补偿群众损失。石榴产业发展受挫，群众不理解，雷志洪痛苦地坐在地上抱头大哭。可是开弓没有回头箭，石榴已经栽种，不可能因一时受挫就砍树，加上雷志洪决不轻言放弃的个性，他擦干泪，认真总结经验教训——村内交通不便。卜甲村的村里道路弯曲窄小，特别是村内最窄的转弯处，一农户打围墙强占村道50厘米，致使大型车辆无法转弯进场，这样就需要用拖拉机等小车把石榴运到三四公里外的大路装车，这既增加运力成本，又耽误装车时间，导致延误了石榴的最佳销售时间，果子变质。雷志洪想若要及时销售石榴，就必须清理村道，拆出超占围墙。因此，雷志洪曾多次带人上门说服动员，但劳而无功。无奈之下，雷志洪请示上级政府部门，经村民代表大会表决，决定强制拆出该段围墙。在拆墙过程中，雷志洪被该农户围攻殴打，并被严重咬伤左手，住院治疗一个多月。雷志洪以牺牲小我、顾全大局的精神，顺畅了村道。如今，村内可直达四桥大卡车装运石榴，全村群众无不拍手叫好。次年，石榴销售顺畅，亩均产值达5000元，是种植玉米产值的5倍。石榴种植户终于尝到了甜头，种植发展石榴的愿望及热情高涨，卜甲村掀起了大种石榴的热潮。雷志洪乘势而上，大力调整产业结构，动员协会会员将25度以上的荒坡全部改种石榴，25度以下的好田好地种植烤烟，荒山荒坡披上绿装。现在卜甲村的山绿了，气候湿润了，环境改善了，人们发家致富了。2008年永胜遭受旱灾，特别是片角等南片乡镇旱情严重，庄稼全部干死，到处枯黄一片，只有卜甲石榴成荫，绿色满坡，犹如沙漠中的绿洲，当时县委书记亲临视察，称叹说：大旱保丰收，石榴立大功。卜甲石榴产业发展得到了县委、县政府的肯定和当地人民群众的称道。

卜甲石榴产业几经风雨，朝着有序健康的方向发展。但雷志洪不满足于现状，致力提升产业，为达到这个目标必须实施标准化规模生产。2005年，雷志洪带领会员在卜甲松明小组的大坪子建了550亩的甜石榴示范基地，进行标准化生产示范，两年后基地石榴开始挂果，但挂果较少，果品的质量差，产品出现了外销难的问题，部分会员甚至产生了挖树改种的念头。在这关键时段，雷志洪大胆创新，引进了套袋新技术，请来四川石榴种植专家向玉伦到田间地头手把手地传授种植技术，并分村、分时段地讲解石榴栽培技术，极大地提高了当地种植户的种植技术水平，现在全部会员都已掌握了石榴的标准生产规程及种植技术。2007年，在永胜县农业局的支持下，片角果蔬经济技术合作协会注册了“卜甲红”石榴商标，为会员提供商标、包装服务。2008年，卜甲全部实施石榴套袋技术，改良了种植技术。

在快速发展的市场经济下，如果不具有市场眼光，注定会被市场淘汰。为提高认识，拓展远见，雷志洪组织会员代表和党员干部多次到省内的丽江、大理、昆明、蒙自、元谋、通海，四川的西昌、会理、成都等地考察石榴的种植和奶牛养殖，共组织外出考察15场次450多人。通过外出考察，扩宽了会员的视野，增强了会员发展生态产业、增加收入的信心和决心。通过对大理邓川、丽江的实地考察，引进了25头奶牛，在永兴庄小组作养殖示范。在石榴地中种草养牛，实行产业套种，并在石榴园中大建沼气池，加快生态产业互动发展。奶牛所产生的粪便进入各户的沼气池，沼气水用来浇石榴树，沼气渣用来作为石榴树的基肥。这样既解决了村民砍柴做饭、生活燃料的问题，又降低了石榴的生产成本，特别是用沼液、沼料这类有机物作为石榴种植用肥，为生产绿色无公害水果起到了决定性的作用。目前，卜甲已形成了“石榴—奶牛—沼气”一体发展的产业结构，三者相得益彰，良性循环，创建和探索了一条产业结构调整的新路子、新模式。

在全体协会会员的共同努力下，卜甲石榴产业发展粗具规模，延伸石榴产品，提高石榴产品价值，发展石榴产品深加工，又成为雷志洪思索的重点。于是，雷志洪又一次组织了卜甲的两委班子、各村小组组长、群众代表，一行17人到四川的德昌元坤绿色果业有限公司考察石榴的深加工技术，随后又到了公司在成都的饮料厂，通过考察得知酸石榴加工后的产品有较好的市场前景，并与公司签订了生产销售合同，由公司派出技术员，协会派人和公司一同引进了16吨酸石榴枝条，开始在卜甲试种。当时，不少会员都认为这种枝条不能栽活，通过技术员的细心讲解并到各村组织会员作现场扦插示范，2009年的4月份进行大面积的大田扦插，全部扦插面积达2000亩，但受大旱的影响，卜甲从2009年的8月至2010年的7月近一年的时间未下雨，扦插的石榴枝条严重缺水，至今成活面积有1600亩。

在雷志洪的带动下，通过几年的奋斗，片角果蔬经济技术合作协会事业蒸蒸日上。协会生产的甜石榴“卜甲红”于2008年走出国门，打入了越南市场，石榴的效益较好，2009年共生产甜石榴1100吨，销售收入达350万元，产值收入最高一户种植5.5亩石榴收入6.8万元，卜甲永兴庄村小组的23户人家中有18户种植石榴总收入46.93万元，户均石榴一项收入2.5万元。实行产业套种，种养结合，明显增加了会员的收入，从2005年引进奶牛示范养殖以来，一头奶牛收入13000~15000元，除去饲养成本，能得纯收入11000~12000元，而用牛粪上肥的石榴品质更好。在雷志洪的领导下，全村农民走上了致富道路，取得了良好的经济效益。同时取得了明显的生态效益，目前全村共种植甜石榴2500亩、酸石榴1600亩，改变了以往卜甲荒山、荒坡的面貌，山沟、山箐免除了洪水的冲刷，当地自然灾害明显降低。

一分耕耘，一分收获。雷志洪的艰辛付出得到了各级各部门的肯定和支持，得到了当地人民群众的拥护和爱戴。雷志洪说："我无论在哪个角落，无论在哪个岗位，只要脚踏实地为群众做实事，各级组织都能看得到，人民群众都感受得到，我要带领协会让卜甲的山绿起来，水清起来 ，群众的收入增加起来，实现调整结构促发展，生态产业变卜甲的目标。"

五、经验与启示

创业所需要的技能不仅体现在掌握某一特殊的技术或祖传的秘方上，更需要创业者具备洞察力、判断力、决断力、意志力、创新力等素质技能以及不服输、敢于拼搏的精神。

（一）创业应结合当地的自然环境，选择合适的项目

创业与自然环境是密不可分的。创业者在创业时，需要考虑当地的生态环境，因地制宜，选择适宜本地的最佳产品。作为村委会主要负责人的雷志洪，在面对满眼的山地荒坡、水土流失严重的家乡时，没有畏惧和退缩，而是针对本地区农户有种植甜石榴的传统，通过对石榴种植进行认真考察、论证，发现石榴种植既能抗干旱，又能保持生态，还可增加群众收入，于是，雷志洪大胆决定，在卜甲大力发展石榴种植，改变以往大量种植玉米的传统习惯。独到的眼光和果断的决策为片角果蔬经济技术合作协会的成立奠定了基础。

（二）打破常规，灵活选择运作模式

雷志洪一心扑在协会事业上，全心带领全村人种植石榴。他结合村委会工作实际，将协会创办为"支部+协会+农户"的运作模式，以石榴为主发展生态产业。在产业链上，根据选择的产品项目，走循环发展的生产经营模式。卜甲目前已形成了"石榴—奶牛—沼气"一体发展的产业结构，三者相得益彰，良性循环，创建和探索出了一条产业结构调整的新路子、新模式。

（三）不满足于现状，开拓创新

在卜甲石榴产业发展粗具规模时，适时延伸石榴产品，提高石榴产品价值，发展石榴产品深加工，是企业进一步发展的需要。雷志洪针对新形势，组织了相关人员到四川的德昌元坤绿色果业有限公司考察石榴的深加工技术，随后又到了公司在成都的饮料厂，通过考察得知酸石榴加工后的产品有较好的市场前景，于是与该公司签订了生产销售合同，由公司派出技术员，协会派人和公司一同引进了16吨酸石榴枝条，开始在卜甲试种。这种永不满足、勇于开拓进取的精神正是创业者应具备的素质。

六、讨论思考题

1. 从雷志洪创业的过程看，雷志洪身上拥有哪些创业者必备的素质？

2. 为什么雷志洪决定要改变以往大量种植玉米的传统习惯，在卜甲大力发展石榴种植？

3. 卜甲形成的“石榴—奶牛—沼气”一体发展的产业结构有何意义？结合本案例的实际，谈谈在产业结构模式的选择上对你有何启发。

（本创业案例素材由丽江市农村劳动力转移办公室提供）

一技之长成就种菜大王

——访富宁县种菜大户任占文

一、教学用途

本案例适用于指导创业管理过程中的产品技术的开发，教学目的在于指导创业者在已选择的产品项目中，如何提高自身的技能技术，以更好地进行产品的开发，更好地满足消费者需求，获得企业发展的空间。

二、企业现状

2009年至2010年文山州富宁县遭遇百年不遇的特大干旱，但是任占文菜地里的大白菜、芥菜、西红柿、四季豆、芹菜、水果菜、豇豆等各类蔬菜长势喜人，获得丰收。截至2010年7月底，已实现收入58万元。

三、创业背景

1975年出生在云南省富宁县的农民任占文，在6个兄妹中排行第五，由于家庭困难，只读到小学五年级的他便辍学回家务农。1995年22岁的他外出打工，拥入了沿海打工大军之列。经过3年的打工生涯，增长了见识，开阔了视野，同时也改变了自己的观念。于是，不安现状的任占文苦苦思索如何才能找到一条适合自己的营生之路。一个偶然的机会，听老乡们说东莞城区周边的菜农每年种菜收入颇丰。不经意的一个信息，让他看到了曙光。时年25岁的任占文带着学习种菜技术的念头，毅然辞去风吹不着雨打不着的工厂工作，到城外菜地打工，学习蔬菜的种植技术和管理经验。学会一技之长后，任占文返乡租种了2.3亩田地，但是由于缺乏过硬的技术，使得前期的创业之路并不一帆风顺。经过积极的充电培训，技术提高的任占文兄弟捞到了创业的第一桶金。2009 年 9 月至 2010 年 6 月文山州富宁县遭遇了百年不遇的特大干旱，由于任占文采取地膜覆盖、使用保水剂、理沟引水和抽水灌溉的办法，保证了蔬菜正常生长的用水需求。菜地里的各类蔬菜长势喜人，丰收在望。截至 2010 年 7 月底，已实现收入 58 万元。

四、创业过程

一个文化不高的地道农民，何以成为目前全县的种菜大户呢？任何事业的成功，道路都是曲折不平的，任占文也不例外。提到任占文的创业之路，不得不提任占文的技术探求之路。经过几年的外出打工生涯，增长了见识，开阔了视野，但他发现自己什么技术也没有学会。这时任占文坐不住了，他想，这样天天打工不是办法，打工到老也不会让自己过上安稳的生活，永远改变不了贫穷落后的面貌。经过深思熟虑，任占文毅然决然地选择离开工厂，到城外菜地打工学艺。他把全部身心用在学习和管理上。对季节换茬轮作，施肥、除草、杀虫等技术要领暗暗牢记心里，对没掌握的技术环节，虚心向老板求教。经过一年多时间的摸索和实际操作，任占文基本掌握了常规蔬菜的种植技术要领和管理经验。

学会一技之长后，任占文结束了自己的打工生涯，踏上了返乡创业的路。1999 年 3 月，他带着一家老小到富宁县城边的莫勺村租了 2.3 亩田种菜营生，当年种菜的收入刚够维持日常生活开支。2000 年，他带着弟弟任占华一家一起去那平村小组以每亩 700 元的租金租用了 11 亩田，当起了种菜专业户。因各方面因素影响，当年在扣除日常开支生活费后，还将老本吃了 1 万多元。但是，兄弟俩没有打退堂鼓，开始认真分析原因，经过兄弟俩废寝忘食地钻研，终于发现了问题的所在，主要是技术不过硬。于是兄弟俩积极参加新型农民科技培训、绿色证书培训、阳光工程劳动力转移培训等，将培训发的技术资料，不断加强学习，一起研究，生产遇到难题时邀请县农业局技术人员前来“就诊”指导。经过几年的摸索，兄弟俩掌握了更多的技术后，将种菜规模扩大到 20 亩，除去各项开支后，每年每家有 4 万元纯收入。

积累了成功经验的任占文为了扩大种菜规模，又将目光转向了板仓田坝。以每亩 1000 元的租金租用当地 100 亩农田，从 2009 年 11 月开始着手经营，前后投资近 18 万元。自 2009 年至 2010 年文山州富宁县遭遇百年不遇的特大干旱，但是任占文菜地里的大白菜、芥菜、西红柿、四季豆、芹菜、水果菜、豇豆等各类蔬菜仍长势喜人，获得丰收。截至2010年7月底，已实现收入58万元。也许很多人都会问这是为什么呢？任占文有什么法宝呢？任占文采取地膜覆盖、使用保水剂、理沟引水和抽水灌溉的办法，保证了蔬菜正常生长的用水需求。

任占文过硬的技术不仅书写了自己创业的神话，同时为全县抗旱救灾奏响了一曲强音，为全县人民吹响了高效农业致富的起航号。谈到下步发展，任占文打算继续扩大蔬菜基地，按照规模化发展、规范化种植、科学化管理、产业化发展的思路，力争建成县内最大的蔬菜供应基地。

五、经验与启示

（一）掌握必要的技术是创业成功的保证

好的种子、好的农药、好的化肥、好的农机等都是科技创造出来的，精准农业、信息农业、绿色农业、无土栽培等都离不开科技，可以说，没有科技就没有今天农业的欣欣向荣。因此，对于农民创业者来讲掌握知识和技术是创业的前提，是创业成功的保证。时年25岁的任占文正是带着学习种菜技术的念头，毅然辞去工厂工作，到城外菜地打工，学习蔬菜的种植技术和管理经验，学会一技之长之后，才返乡创业。在创业过程中，不忘充电学习，提高自身的技术能力，最终取得了创业的成功。

（二）因地制宜，依靠技术规模化经营

农业离不开天，离不开地，地区不同、土壤不同、气候不同，作物也不同，甚至施肥打药都不同，在没有设施栽培的时候，因地制宜是不可忽视的。因此，创业者必须掌握必要的技术，发挥自身地理气候优势，充分利用自然资源，不断扩大经营规模。任占文初尝科技带来的好处后，更加积极地参加新型农民科技培训、绿色证书培训、阳光工程劳动力转移培训等课程，生产遇到难题时就邀请县农业局技术人员前来“就诊”指导。可以说，没有科技知识，就没有任占文的今天。

六、讨论思考题

1. 本案例中，任占文为什么不愿在工厂打工，要到城外去种菜？

2. 针对本案例，阐述技术技能与创业成功之间的关系。

3. 如果你是任占文，今后应如何进一步提高产品科技含量，扩大种植规模？

（本创业案例素材由文山州农村劳动力转移办公室提供）

励志点亮人生　创业成就梦想

——记镇沅县振太乡文索村养殖场罗正林的创业之路

一、教学用途

本案例适用于指导创业者在创业过程中充分发挥自己的技术技能专长，特别是规模养殖业是技术水平要求较高的行业，需要具备喂饲、清粪、防疫、环境控制等知识技术，切不可想当然而盲目创业。教学目的在于帮助创业者明确如何充分发挥自身的技术专长，在国家各种支农惠农政策的支持下，开发出“人无我有，人有我精”的特色产品，实现致富增收。

二、创业现状

2009 年 5 月，大学毕业的罗正林放弃在城市工作的机会，回到家乡镇沅县创业。他利用国家给大学生创业的一些优惠政策，向信用社申请贷款 5 万元，并从中拿出 3 万元从外地猪场引进野猪、杜洛克猪、大约克猪、长白猪 4 个优良品种种猪，正式从事生猪养殖。同年 7 月又在振太乡政府贴息贷款的帮助下，再次投入资金 6 万元对猪舍进行改造，猪舍占地面积 160 平方米，养殖走上了正规化轨道。经过几年来的努力，目前生猪养殖已初见成效，养殖规模达数百头，实现销售收入 40 多万元，实现利润 10 万余元，养殖场逐渐成为当地有影响、有一定示范效应的企业，并能稳定向养殖户提供优良猪仔。

三、创业背景

近年来，中国高校毕业生数量逐年增多，大学生面临严峻的就业形势，加之当前金融危机的影响，毕业生的就业受到前所未有的挑战。2008 年 7 月毕业于云南农业职业技术学院畜牧兽医专业的罗正林正是在这样的背景下走出校门开始其创业生涯的。

（一）个人背景

罗正林，男，1987年6月出生，是云南省普洱市镇沅彝族哈尼族拉祜族自治县振太乡文索村老王章组人，生长在农村的罗正林从小就喜爱饲养小动物，与养殖业结下了不解之缘。初中毕业后便选择了到云南农业职业技术学院就读畜牧兽医专业。在校期间，他学习刻苦，勤于钻研，并多次参加学院组织的“三下乡”活动进行社会实践，不断开阔视野和丰富提高自己。

大学毕业后，罗正林经学院推荐到云南省生物制药厂实习，主要从事脾淋苗生产工作，通过实习的锻炼，其动手能力得到较大提高。实习结束回乡后参加了农村劳动力转移引导性培训班，之后，便联系到云南省大理市漾濞县涵轩绿色开发有限公司工作，在公司从事过养猪的各阶段科学管理和操作模式。看到公司先进的生猪科学饲养管理水平、操作模式和显著的经济效益，他联想到家乡养殖方式传统，经济效益低，若能采用像公司这样的先进饲养管理技术和模式进行养殖，定能显著提高生猪养殖的经济效益，于是返乡创业的思想便悄然升起。

经过近一年的工作，他基本全方位了解掌握了科学养猪技术和管理，熟悉专业技能的应用，为自主创业奠定了坚实的基础。同时，返乡创业的愿望也越来越强烈，于是决定辞去工作返乡创业。2009年5月，他怀着创业的梦想回到了家乡。

（二）社会背景

从2006年12月至2008年，云南省的生猪价格一直坚挺。国家对生猪生产出台的优惠政策，对广大养猪户来说更是喜上加喜。2008年，各省农民养猪的积极性空前高涨。为了帮助养殖户更好地发展生猪养殖，有关部门和专家就如何搞好生猪生产提出各种建议政策：规避生猪疫病风险，关注市场、掌握信息，加强管理、降低成本，降低养猪的饲养成本等。2009年，罗正林面对态势良好的养猪业，联想到家乡养殖方式传统、经济效益低，若能采用像公司这样的先进饲养管理技术和模式进行养殖，定能显著提高生猪养殖的经济效益，于是决定返乡创业。加之当时国家迫于大学生就业和金融危机、经济低迷的双重压力，国家为鼓励大学生自主创业，出台了大学生创业补助政策。罗正林及时抓住这些优惠政策，向镇沅县政府提出了创业资金申请——乡政府贴息贷款，经镇沅县团委实地考察后，贷款申请很快得以批准。利用政府的扶持政策，罗正林解决了资金的困难，终于为他的创业梦想插上了理想的翅膀。

四、创业过程

2009 年 5 月，他怀着创业的梦想回到了家乡，对生猪生产和市场情况进行了调查分析，发现振太乡总体养殖水平较低，养殖方式传统，大多农户以饲养本地土猪为主，饲养周期长，饲养利用率低，经济效益差。是否有效率更高的办法呢?

他思前想后，查阅相关资料，便萌生了自己饲养优良种公猪、种母猪进行品种改良，培育二元母猪、商品猪等想法。他将自己的想法与家人商量，父母是老实本分的农家人，自己含辛茹苦培养出来的大学生，好不容易走出大山却又回来，心里难免有所芥蒂，但罗正林以平和的心态，站在更高的角度与父母进行深度交谈，经过认真分析解释后，终于得到家里父母的同意和支持。然而，这只是万里长征的第一步，创业是艰难的，不是说干就干，虽然有了发展思路，并且有了技术基础，但是资金面临着严重不足，该怎么办?

这个问题困扰着全家，其父母东奔西跑筹集资金，在亲戚朋友的帮助下，虽筹得了一部分资金，可那能是杯水车薪，在大学校园待过的罗正林有着更广的分析问题视角，不能只靠身边有限的资源，应该把眼光放宽放远，便向信用社申请贷款 5 万元，同年 6 月从外地猪场引进野猪、杜洛克、大约克、长白猪四个优良品种种猪，开始了他创业的艰辛之路。

“天将降大任于斯人也，必先苦其心志，劳其筋骨，饿其体肤，空乏其身”，这是亘古不变的名言。正当罗正林干得热火朝天的时候，周边邻居议论纷纷，一个大学生在大城市竞争力不够，本领不强，回家只好天天喂猪、扫粪，真没出息。有着过硬心理素质的罗正林并没因此停步，只是看着父母日渐衰老的身躯、斑白的双鬓心里隐隐作痛。雪上加霜的事情又出现了，生猪价格连续走低，肯定得亏。他顶着莫大的压力，心想一定要以自己的方式创出属于自己的一片蓝天。

2009 年 7 月，他开始进行猪种的品种改造，资金周转再次陷入困境，与一般人不同的是他没有怨天尤人，只是静待时机的到来，皇天不负有心人，一个惊天喜讯传来，为鼓励大学生自主创业，国家有补助政策，于是他兴高采烈地到乡政府申请贴息贷款，经团县委实地考察后，贷款申请很快得以批准。资金落实后，按计划进行猪舍建造，猪舍占地面积 160 平方米，共投入资金 6 万元，预计可存栏 200 头。猪舍是按现代猪场科学饲养模式建造的，分设产房、保育室、大栏、饲料室、化验室、采精室等，养殖走上了正规化轨道。但由于当时市场生猪价格低，给创业之初的他带来一定冲击，为此他从劣势中寻找优势，以培育二元母猪和优良种猪为重点，通过饲养价格较高、竞争较小的野猪来满足部分消费者的需求，使他慢慢摆脱了危机。

目前，养殖场养殖规模达数百头，既有市场竞争力强、价格高的纯种野猪和特种野猪，也有养殖周期短、抗病能力强的杜洛克猪和大约克猪。为搞好售后服务，开拓市场，他还投资兽药销售门市部。同时他还配合乡兽医站做好猪牛品种改良工作。罗正林经常走访，为养殖户提供技术指导，虽然非常辛苦，但他从中积累了不少经验，更可贵的是赢得了农户的信任和爱戴，使他的声誉得到了提高，为今后事业的进一步发展奠定了基础。

五、经验与启示

规模养殖业是技术水平要求较高的行业，需要具备喂饲、清粪、防疫、环境控制等知识技术，毕业于云南农业职业技术学院畜牧兽医专业的罗正林正是凭借这些技术知识，并结合自己社会实践掌握的科学养猪技术和管理经验走向创业之路的。本案例中罗正林创业成功的经验与启示如下。

（一）罗正林具有养殖专业知识，并将其应用于实践

罗正林毕业于云南农业职业技术学院畜牧兽医专业。在校期间，他学习刻苦，勤于钻研，并多次参加学院组织的“三下乡”活动进行社会实践，不断开阔视野和提高自己。曾参加农村劳动力转移引导性培训班；曾在云南省大理市漾濞县涵轩绿色开发有限公司工作，在公司从事过各阶段猪的科学管理和操作模式。他基本全方位了解掌握了科学养猪的技术和管理，熟悉专业

技能的应用，这为他日后返乡创业打下了基础。

（二）罗正林善于发挥自己的优势

2009年罗正林创业之初，由于当时市场生猪价格低，给他的创业带来一定冲击，为此他注重发挥自身优势，从劣势中寻找机会，以培育二元母猪和优良种猪为重点，通过饲养价格较高、竞争较小的野猪来满足部分消费者的需求，使他慢慢摆脱了危机。另外，罗正林注重售后服务，不断开拓市场，投资开设饲料及兽药销售门市部，并配合乡兽医站做好猪牛品种改良工作。罗正林经常走访，为养殖户提供技术指导，从中积累了不少实践经验，更可贵的是赢得了农户的信任和爱戴，事业蒸蒸日上。

（三）罗正林防患于未然，细致规避生猪疫病风险

在生猪饲养中，罗正林意识到生猪的成活率对养猪是否挣钱至关重要，养猪户对饲养过程中的防疫，千万不可大意。他根据猪生长的不同阶段，与乡、村各级防疫专业人员联手，做好防疫工作。罗正林常说，有效规避生猪疫病风险，是养猪是否挣钱的一个关键。

（四）罗正林高度关注市场，掌握价格、销路信息

2006年以来，由于云南生猪的外运量逐年增加，导致云南生猪市场供求关系、价格走势与全国统一大市场的关联度越来越高。着眼全国统一大市场，判断省内生猪市场价格走势，科学合理计划养殖数量、产量，是罗正林以最高价格提供最大销量的法宝。同时，罗正林积极和当地畜牧局、各级经销商联系。并利用上网等手段，掌握全国生猪价格走势，做到心中有数，及时把生猪出手，提高生猪饲养的经济效益。

（五）罗正林重视科学管理，降低种猪成本

有效管理，能使投入最少产出最多成为现实。罗正林对生猪生产和市场情况进行了调查分析，发现振太乡总体养殖水平较低、养殖方式传统，大多农户以饲养本地土猪为主，饲养周期长、饲养利用率低、经济效益差。考虑到这些，他加强管理的科学化，养殖场的猪舍按现代猪场科学饲养模式建造，分设产房、保育室、大栏、饲料室、化验室、采精室等，使养殖走上了正规化轨道。在生猪饲养中，品种极为重要。罗正林从正规渠道引进优良品种的母猪。选择野猪、长白猪、杜洛克猪、大约克猪等生长速度快、商品性好的品种。买回优良母猪后，又将培育二元母猪和优良猪种作为重点，不断有效

提高母猪的受精率和产子率，通过自繁自育，使仔猪成本得到有效降低，也有效规避了仔猪得病的风险。同时，不断提高生猪的商品性，降低了生产成本。

（六）罗正林严格控制饲养成本

在生猪的养殖成本中，饲料占极大的比重。罗正林根据当地情况，采用自配料、种饲草、选择优质猪饲料相结合。虽然价格高，给资金造成了压力，但增重效果好，比用一般猪饲料喂猪效益好，罗正林利用科学的饲料配比方法降低生猪饲养的成本，追求生猪养殖效益的最大化。

（七）罗正林在农村这个广阔舞台上实现了自己的人生价值

在萌发创业理想之后，大多数创业者都首选城市创业。在大多数人眼中，城市具有无限的商机和机遇，但在罗正林眼中，城市却比不上乡村，那里有广阔的舞台。一方面，罗正林有着对农村的热爱和坚定的理想，这对他把自己所学的知识和一身的精力投入农村事业的发展有着重要的关系。另一方面，农业是一个国家发展的根本性产业，而目前我国农业的发展，还存在生产方式的落后、管理技术的缺乏等一系列制约因素。如今，新农村建设正在如火如荼地开展，如何带领农民致富，如何进行生产结构调整，如何推进城镇化进程等，这些都已成为国家政策扶持的重点项目。结合自身的特点和目前农村创业的有利条件，罗正林的人生价值和成就在农村这个广阔的舞台实现了。

综上所述，罗正林创业成功的关键是充分利用自己在校学习的养殖专业知识，注重动手实践，能够发现家乡传统养殖业的局限，并能够结合自己的优势找到一条正规化的养殖之路。从而摆脱大学生养猪不争气的偏见，开创出自己的一番事业。此外，他能够积极利用政策的扶持，为自己的融资开拓了渠道。罗正林充分利用自身的优势，培育生猪新品种，重点发展与多元经营相结合，不仅适应了大众生猪市场，也吸引了针对诸如野猪等特殊需求的消费者，市场范围扩宽了，利润也增加了。

六、讨论思考题

1. 你了解当前的大学生就业形势吗？如果你是学生，面对就业压力，你如何规划自己的未来职业发展方向？

2. 罗正林创业的动机是什么？创业成功靠的是什么？

3. 结合案例，谈谈自主创业对于应对就业压力、实现人生目标的意义。

4. 从本案例中你得到了哪些收获？这对你当前的学习、实践和未来职业发展有哪些影响？

5. 本案例中罗正林是养殖业科班出身的，你觉得专业知识的学习对他的成功起到了什么作用？专业知识对于创业是否是必需的？

（本创业案例素材由普洱市农村劳动力转移办公室提供）

靠执着成就的“兔子王”

——记宜良县狗街镇民旺兔业有限公司总经理李跃东

一、教学用途

掌握技术，具备捕捉商机和果断决策的能力是创业者事业成功的关键。本案例的教学目的在于帮助创业者认识在创业过程中如何在技术要求较高、市场风险较大的养殖行业选择创业项目，如何在竞争激烈的市场中维持企业活力与竞争力，如何在困难中应对逆境等创业方面的问题。

二、企业现状

2003 年的夏天，李跃东在玉溪以 100 多个兔笼，30 多只新西兰齐卡兔的规模，正式从事养兔业。为了扩大养殖规模，2005 年，他将养殖地由玉溪搬到了呈贡，在此期间，养殖水平不断提升，种母兔达到了 500 只，年生产商品兔 10000 多只。建立稳定的消费市场后，李跃东继续扩大养殖规模，2008 年，他在宜良县狗街镇狗街村的东边租了 11 亩地，重新规划了养兔场；2009 年 5 月，李跃东成立“民旺兔业有限公司”，自己担任总经理。目前，民旺兔业有限公司是一家集肉兔养殖和兔饲料加工为一体的民营企业，现有种母兔 1000 只，存栏商品兔 8000 多只，每年销往四川的商品肉兔 48000 多只，实现利税 140 多万元，饲料销售每年 400 多吨，利税 60 多万元。在公司的帮助和带动下，如今有 20 多户农民已经走上了养兔致富之路。

三、创业背景

李跃东创业成功与其创业背景是分不开的。

（一）个人背景

李跃东，男，汉族，1971 年 4 月出生于烤鸭之乡的昆明市宜良县狗街镇狗街村，由于家境贫寒，加之兄弟姐妹多，他迫不得已辍学。于是，他毅然决然地外出打拼，在昆明、玉溪等地务工，从事过保安、搬运工、餐饮服务等工作，其间也做过卷粉、米线的生意，由于要熬夜工作，对身心产生了很大的负面影响，最终还是放弃了。但天性好强、吃苦耐劳的他，始终有一种不服输的韧劲，一次偶然的机会，他发现兔肉营养价值高，很受许多现代人的青睐，在四川等地有巨大的市场潜力，并且兔子的价格波动小，仅为每公斤0.5元左右，风险相对小，加上云南地理环境好，气候好，一年四季都可繁殖兔子。因此，他多方筹措资金开始从事养兔业。

（二）社会背景

在国际市场上，兔肉享有盛名，被称之为“保健肉”“荤中之素”“美容肉”“百味肉”等，兔肉含有丰富的优质蛋白质，含量高达21%，超过猪肉、牛肉、羊肉、鸡肉的蛋白质含量。兔肉所含的8种人体必需氨基酸的含量和比例接近人体需要，而且吸收率高。兔肉脂肪含量低，远低于猪肉、牛肉、羊肉，食后极易被消化吸收，是肥胖者和心血管病人的理想肉食。兔肉消费在法国、意大利、西班牙等西欧国家，年人均达3~5公斤，而我国即使按全部兔肉产量计，年人均仅约0.3公斤，这表明销售市场有着很大空间和潜力。我国肉兔生产发展很快，鲜冻兔肉出口由于受多方面因素制约下降很多。目前，我国兔肉消费除四川较为普遍外（人均5~6公斤），开放较早的广东、福建和一些大中城市以及农村都已有较快发展。

从以上看，我国兔肉还主要依赖于出口，价格受出口制约。在我国普及性宣传不够，绝大部分地区民众不了解兔肉的价值和烹调方法而无法对其正确消费。基于这样的背景，李跃东预感到了兔肉在不久的将来会走上大众的餐桌。同时，离云南比较近的四川是我国肉兔养殖大省，聪明的四川人历来都喜欢吃兔肉，而且对兔肉的加工也非常在行，有相对大并且相对成熟的肉兔市场。因此，他下定决心养兔。

四、创业历程

一次偶然的机会，李跃东和几个工友到一家四川人开的兔肉餐馆吃饭，觉得兔肉味道鲜美，而且价格不贵。俗话说：“眼前富，去养兔；长远富，种果树。”急于想脱贫致富的李跃东第一次有了养兔的想法。但出于对养兔一无所知，他又慢慢地打消了这个念头。在以后的学习中，他认识到了兔肉不仅味道鲜美，而且营养价值高。虽然当时的云南人没有吃兔的习惯，但李跃东认识到随着人们健康意识的增强，对肉食品安全意识的增强，兔肉在不久的将来会走上大众的餐桌。从此，他下定了养兔的决心，并一如既往地坚持着。

2003年夏天，凭借辛辛苦苦打工赚来的10万多元钱的创业资金，李跃东开始了他的养兔之路。创业初期，由于缺乏经验，技术不到位（预防、治疗、繁殖、饲料等），导致繁殖率低、死亡率高，幼兔的存活数没超过200只，一直处于亏损。凭着坚毅的恒心和自信，他一如既往地坚持着，面对养殖技术的困难，他通过阅读相关的养兔书籍，边学习边实践，经过3年的滚打摸索，终于掌握了兔的生活习性、疾病的防治、饲料的配合，积累了丰富的经验，兔子的存活率也逐渐上升，繁殖母兔达到了100多只，年出栏商品肉兔3000多只。

2005年，他把养殖场由玉溪搬到了呈贡。在呈贡养兔的4年时间里，他的养殖水平不断提升，种母兔达到了500只，年生产商品兔10000多只。形成一定的养殖规模后，销路又成了摆在李跃东面前的一大难题。由于云南人没有吃兔的习惯，市场销路一直打不开，他只好把销路拓展到省外。经过多番奔走了解，发现四川的兔子需求量很大，日需求量达数千只。因此，他把营销的重点放在四川市场，并和当地的销售商签订了长期供货协议，从而建立了稳定的客户关系，保证商品兔的销售市场。

2008年，由于昆明市禁养区扩大，受呈贡地理位置的限制，他把养兔场搬回了自己的家乡宜良县狗街镇狗街村，在狗街村的东边租了11亩地，重新规划了养兔场。2009年5月，由李跃东担任总经理的民旺兔业有限公司正式成立了。经过10年的打拼，李跃东在养兔这条创业路上，从最初的几十只种兔发展到现在的1000只种兔，从不规范的养兔场发展到能够容纳1万余只兔的标准兔舍，一切并非朝夕之功。正如李跃东所说："我是把所有精力都放到养兔这行业上来了，是靠执着和坚持才走到今天的。"

五、经验与启示

掌握技术，具备捕捉商机和果断决策的能力是创业者事业成功的关键。

李跃东认为创业的关键是“机会要抓好，技术要扎实，决策要及时”。养殖业是技术要求较高，市场风险较大的行业，在没有掌握足够的专业知识的条件下是很容易失败的。急于想脱贫致富的李跃东，在没有经验，没有预防、治疗、繁殖、饲料等技术的背景下，通过不断摸索成功创业。本案例中李跃东创业成功的经验与启示如下。

（一）掌握信息，主动出击

信息就意味着机遇，谁能最快、最全、最准确地掌控有效信息也就等于把握了机遇，所以，某种程度上说，商场竞争也是一场“信息战”。一次偶然的机会，李跃东和几个工友到一家四川人开的兔肉餐馆吃饭，发现兔肉好吃不贵的信息。俗话说“眼前富，去养兔；长远富，种果树”，急于想脱贫致富的他，开始有了养兔的想法。之后又根据一则新闻，开拓了四川的肉兔市场。可见，对有用信息的敏感度以及快速地行动，是李跃东走向成功之路的先决条件。

（二）沉着应对逆境的能力

在今天的这场世界金融危机困境面前，曾经无往而不胜的明星企业与卓越的 CEO 们很多惊慌失措，在逆境中不断做出错误决策，把企业带入深渊。相对地，还有一些企业家们在困境面前能够不受客观环境的影响，依然作出正确的决策，不仅没有被逆境击倒，反倒带领企业登上更高的台阶。无疑李跃东就是这样一位具有抗逆能力的创业者。当养兔遇到难题时，他并没有放弃，坚信着干什么就坚持干好的信念，一根筋地投入进去继续自己的养兔之梦。当商品兔销售遭遇云南本土居民饮食习惯之困的时候，他把目标市场转移到有大市场的四川地区，现仅四川就能保证他每年数万只肉兔的销售量。他能够在逆境中不受环境干扰，沉稳应对，开创出了自己的新天地。

（三）认真分析市场行情，小心规避风险

当人决定投入一件事情之前不该是凭自己的一时冲动，而该认真考虑各方面的相关因素。李跃东在决定养兔之前就已经了解到：一方面兔肉有很高的营养价值且兔肉价格浮动小，销售风险小，在四川有很好的销售市场；另一方面兔子养殖技术要求高，存活率低，养殖风险大。那在这两方面该怎么平衡呢？李跃东认为养殖技术是可以通过长期养殖积累经验来提高的，而兔肉的高营养价值决定其必定会有很好的市场前景，那么只要自己好好养、用心养、多积累经验就能致富。也有人跟李跃东提议过可以一起养殖长毛兔、皮兔等，但他都拒绝了。长毛兔和皮兔养殖风险比肉兔更大，市场不稳定，价格波动大。养殖其他兔种还需增添兔舍，研究兔种的养殖技术，这对公司现有规模来说是不必要的，只要养好现在的奇卡兔一样可以把公司做好。

（四）勤学实干兴业，求实创新发展

在竞争激烈的市场中，缺乏创新的企业很难站稳脚跟，改革和创新永远是维持企业活力与竞争力的源泉。没有创新精神，创办的企业就会没有“个性”特色，或在发展中停滞不前，在激烈的市场竞争中被淘汰。本案例中对养兔一无所知的李跃东通过自学养兔方面的书籍，边学习边实践，经过多年的摸索，终于掌握了兔的生活习性、疾病的防治、饲料的配制，积累了不少的经验，建立了针对兔饮食习惯的饲料厂，最终李跃东养兔取得了成功，获得了良好的经济效益和社会效益，并带动当地20多户农民走上了养兔的致富之路，用实际行动践行了誓言，成就了自己的人生价值。

（五）家乡富，才是真的富

在李跃东的内心深处，始终记挂着自己从小成长的故乡——宜良县狗街镇。因为贫穷外出打工的他，在有了成就并掌握成功致富的钥匙之后，由于客观环境和主观愿望的引导，毅然决然地回到他的家乡开展他的事业。昆明四季如春的气候非常适合养兔，夏冬季节不需要特意控制兔舍温度，兔子一年四季都可进行繁殖。李跃东不仅自己养兔，还带动附近的村民进行小规模的散户养兔，不仅为他们降低了风险还带来了可观的收入。他归乡创业，不仅为自己的事业添砖加瓦，而且还为乡里邻居带来了致富的方法。在公司的帮助和引导下，附近村民不仅掌握了养兔的经验和秘诀，村民养出的商品兔也由公司代为销往云南各地和四川，铺设了一条让全村人民共同富裕的阳光大道。

想要创业成功，并非朝夕之事。正如李跃东所说：“我是把所有精力都放到养兔这行业上来了，是靠执着和坚持才走到今天的。”一分耕耘，一分收获，在创业路上，李跃东付出了自己的心血和辛勤的汗水，从一个打工仔成为养兔能手。在这条辛苦的创业路上，经过努力，李跃东尝到了成功的滋味，并把公司越办越好，带动更多的农民脱贫致富。

六、讨论思考题

1. 结合李跃东创业成功的案例和当下金融危机的背景，谈谈你对管理者的抗逆境能力的认识。

2. 李跃东说，“我是把所有精力都放到养兔这行业上来了，是靠执着和坚持才走到今天的”，但抱着“不撞南墙不回头”的决心一条道走到黑，失败的创业者也不在少数。对此，你持怎样的观点？

3. 如果你有机会为“兔子王”做咨询，你会对民旺兔业有限公司未来的发展提出何种建议？

4. 结合实际，思考在你的家乡做什么具有较大发展潜力。

（本创业案例素材由云南农业职业技术学院教师法林荣提供）

发展循环经济　提高养殖效益

——记普洱市继苓养殖场场主王继苓的创业之路

一、教学用途

循环经济是以资源高效利用和环境友好为特征的社会生产和再生产活动，是新的生产方式。它强调最有效地利用资源和保护环境，以最小成本获得最大的经济效益和环境效益。本案例适用于告诫创业者在创业中要学会农业发展理念的转变，掌握创业必需的知识、技术，科学地利用鸡、鸭、猪、鱼等畜牧渔的生物链关系，开展立体养殖，提高养殖效益。

二、企业现状

2002 年，王继苓投资 1 万元，租了 3 亩地，买了 1000 只小鸡、4 头仔猪，开办了一个小型养殖场，但两个月后只赔不赚，经济效益十分低。经历第一次失败后，2005 年，王继苓扩大了养鸡规模，每批养殖达到了 2000 只，每年出栏 6 批近 12000 只鸡，养殖场开始朝着规范化、科学化健康发展。2008 年，养殖场的鸡感染了禽流感病毒，损失惨重，养殖场也被迫停业 3 个月，全面整顿。同年，在团县委的青年创业基金的帮助下，王继苓再次扩大养殖规模，新建 100 平方米的鸡舍和 70 平方米的猪圈，开挖了鱼塘，每年可以出栏鸡 18000 多只、猪 50 余头，几年来凭借良好的信誉，养殖场开始走向良性经营，有了盈利。目前，王继苓的养殖场已发展到年生产商品鸡 40000 多只、猪数百头，年产值数百万元，成为在当地有较大影响、辐射带动了周边农户的大型养殖企业。

三、创业背景

从 20 世纪末至今不断出现的畜禽产品质量安全问题，促使国家更加重视规模养殖业的发展。只有规模养殖业才能从饲料、生产、加工、销售等环节控制畜禽产品的质量。很难想象，一家一户的畜禽散养能够有效保证产品安全，王继苓正是在这样的背景下创业的。

（一）个人背景

人们都说“80后”是理想与现实碰撞擦出火花的一代，王继苓就是其中一员，她倔强、勇敢、执着、永不服输。在父母眼中，这个小女儿从小就很任性，凡事都不轻易服输。1994年，王继苓初中毕业，年轻气盛的小姑娘拒绝了父母的软磨硬哄，离开了学校，怀着满腔的豪情与梦想，开始了她的创业梦。几年里，她辗转于小城各个角落，先后做过超市营业员、洗碗工、宾馆服务员。几年过去了，王继苓仍然两手空空，一无所获，大多数时候连生活费都需要父母的帮助，如此辛苦的付出和劳作，却只换来两手空空，使这位小姑娘陷入了沉思：为什么我如此地付出却没有回报？创业当老板能改变命运吗？世界之大，哪里才是实现梦想的地方？

王继苓的父亲原是当地乡镇政府的一名干部，这一点无疑无形地影响着这位女孩的前程。小女儿这些年一路挫折、坎坎坷坷，做父亲的看在眼里，疼在心里。因为分管农业，王继苓的父亲对养殖业有着独到的看法，他认为养殖业用工少、投入少、见效快、收益高，很适合小家庭经营发展模式。凭着职业的敏感，王继苓的父亲开始有意引导小女儿借着全县大力调整种植和养殖业结构的有利时机，发展养殖业，实现致富梦。

（二）社会背景

21世纪之初正是国家经济结构转型的关键时期，党的十七大对“三农”工作作出了新的部署，对农村发展提出了新的要求，明确提出“要加强农业基础地位，走中国特色农业现代化道路”。大多数返乡农民工属于青壮年群体，文化程度偏低，收入普遍不高。他们以土地为本钱，依靠科学进步，发展现代农业，千方百计提高土地的产出。近年来，国家退耕还林政策的提出，农民种草养畜，科学养殖，已成为农业增收的亮点。天时、地利、人和，促成了21世纪养殖业的春天。

1. 天时

（1）政策支持。中央一号文件多次锁定“三农”，每次文件都提出了多项措施促进农业稳定发展与农民持续增收，其中包括进一步增加农业、农村投入、较大幅度增加农业补贴、保持农产品价格合理水平、增强农村金融服务能力等。

（2）技术支持。20 世纪 90 年代以来全国畜牧兽医总站就已率先组织种草养畜综合配套技术的推广和应用，涌现了许多养殖致富的新典型、新例子。

（3）品种支持。经过多年的养殖发展与实践，农业部将 138 个畜禽品种列为国家级畜禽遗传资源保护品种。国家在 20 世纪 90 年代从国外引进了一批优良的畜牧品种，这些畜牧良种的引入更激起了广大养殖户的养殖热情，养殖效益得到明显提高。

2. 地利

（1）地理优势。云南许多地方日照、地热资源丰富，无霜期长，牧草生长迅速。牧草产量比北方高 30% 以上，极大地降低了禽畜产品的生产成本。云南山地、草坡、冬闲田地闲置比较严重，发展种草养禽畜，可以很好地降低生产成本，使农田山地的利用率从二元向多元化发展。

（2）本土消费支持。云南禽畜肉食产品消费量大，禽畜养殖发掘潜力巨大。

3. 人和

（1）农民增收。政府鼓励支持农民发展禽畜养殖不但可以增加农民收入、丰富人们的餐桌，还可扩大内需，带动农村经济发展。

（2）拉动就业。发展禽畜养殖可以为农村带来就业新途径，扩大就业量，增加致富新门路。

四、创业过程

2002 年，经过几番周折，在父亲的帮助下，19 岁的王继笭投资 1 万元，租了 3 亩地，买了 1000 只小鸡、4 头仔猪，开办了一个小型养殖场，开始了实现梦想之路。王继笭生性坚毅、能吃苦耐劳，喂鸡、喂猪、打扫圈舍全部独自承担。初入养殖业，一切都在摸索当中进行，为了降低成本，延长生物链，她还在房前屋后开垦种植青绿饲料。王继笭起早贪黑，夜以继日地干，虽然没有经验，但是勤快总是不会错的，她满心希望自己精心照料下的小家伙们快快长大，换回大把的钞票。但事情却不尽如人意，一个月后，由于圈舍通风透气性差，加之消毒不到位，一部分鸡开始拉痢，王继笭赶紧买来了药，可是几天后，由于交叉感染，情况越发恶化。某天黄昏给小鸡喂食时，发现几只小鸡痉挛，不停地抽动。王继笭缺乏专业知识，只好到县城畜牧局求助。虽得县畜牧局技术人员的救助，小鸡还是死了一大半。祸不单行，紧接着，她养的小猪也生病了，光睡觉不吃食。王继笭只能再一次赶往县畜牧局，向专业技术人员请教，再买回药自己做一些简单的处理。就这样王继笭频繁地往返于县畜牧局和养殖场之间。3 个月后，终于迎来了第一缕曙光。王继笭的第一批 300 只鸡仔终于出栏了，6 个月后，仅存的两头猪也出栏了，但总共卖了不到 8000 元，除去成本，首战惨败。

王继笭总结了第一次失败的原因，一是技术不到位，特别是疫病防治方面；二是市场行情掌握不准，出栏时正遇上市场销售价低谷期。困难没有阻止王继笭追寻梦想的脚步，她吸取教训，从理论和实践方面学习，双管齐下。首先，她订阅了大量的养殖专业书籍，积累专业知识；其次，她开始边实践边自学，学会给鸡、猪注射疫苗，学会了简单的病情处理，加强了圈舍的卫生管理，规范了喂食结构；她还经常和县畜牧局的技术人员进行交流，不断改进自己的医疗技术，更正错误理念。量变最终还是引起了质变。2005 年，王继笭有了一定知识的积累，使她认识到要想圆梦，必须继续延长生物链，扩大养殖规模，提高规模效应，于是她和丈夫扩大了鸡的养殖规模，每批养殖达到了 2000 只，每年出栏 6 批近 12000 只鸡，就这样养殖场开始朝着规范化、科学化健康发展。2008 年禽流感流行期间，养殖场再次遭受到毁灭性打击。3000 多只一公斤左右的鸡因禽流感病毒问题被畜牧局全部予以扑杀，养殖场被迫停业 3 个月，全面整顿。王继笭夫妇没有被困难吓倒，积极争取到县团委的青年创业基金，建起了 100 平方米的新鸡舍和 70 平方米的新猪圈。在扩大养殖规模的同时开挖了鱼塘，进行副业生产，房前屋后的植物为养殖场的鸡、猪提供食物，而鸡和猪的粪便又可以为鱼塘的鱼提供食物，这样延长生物链，可以使产值最大化，再次扩大了养殖规模此后每年可以出栏鸡 18000 多只、猪 50 余头。几年来凭借良好的商业信誉，和追求完美的品质，夫妇俩拥有了自己的销售网络，销售面涉及县城、乡镇及周边西盟、澜沧等邻县，每天足不出户，就有新老客户上门订货，养殖场开始走上良性经营，有了盈利。

五、经验与启示

王继苓是典型的“80后”，有着“80后”特有的倔强、勇敢、执着的秉性。凭借着国家对农业发展的支持和各地出台的一系列惠农政策，王继苓认真分析形势，逐渐坚定了靠发展养殖业实现致富梦的决心。本案例中王继苓创业成果不能算辉煌，但作为一个“80后”，有这样的勇气很难得，其创业的经验与启示如下。

（一）王继苓具有创业的吃苦耐劳精神

现在的就业形势比较严峻，与财大气粗的创业者相比，白手起家者没有什么竞争优势，只能靠自己吃苦耐劳的精神，亲历亲为。吃苦耐劳是获取成功的秘诀，也是每一位渴望走向成功的人应该具备的基本素质。有道是“苦尽甘来”，当一个人通过勤劳苦干，让自己的能力提高到了一定的程度时，自然有各种发展机会降临。吃不了苦是时下一些年轻人的通病，他们总是对目前的工作感到不满，总想找一个既轻松又能赚大钱的工作，结果往往是整日抱怨好机会没有降临，而宝贵的年华却已虚度了。对此，有高度思想觉悟的王继苓虽然是“80后”，但是她身上有着不同于很多“80后”的肯吃苦的精神。在开办养殖场中，很多时候喂鸡、喂猪、打扫圈舍都是自己一个人干，起早贪黑。“任何一种工作都很辛苦，但美好的生活是靠我们用双手劳动去争取的。你有多少付出，就会有多少收获。”王继苓常把这句话挂在嘴边，也时常用这句话激励自己保持吃苦耐劳的精神。

（二）王继苓具有迎难而上的品质

创业的过程从来不是一帆风顺的。王继苓开设养殖场的道路无疑是不平坦的。养殖场经历了小鸡因交叉感染而死亡、首批出栏猪亏本卖出以及禽流感的打击，但是王继苓从没有放弃，她积极弥补自己养殖专业技术的不足，找专家求助，订阅了大量的养殖专业书籍，边实践边自学，学会注射疫苗等对畜禽病情的处理，加强了圈舍的卫生管理，规范了食谱结构。正是这种不服输、不怕挫折、迎难而上的品质使得她在每次挫折与困难面前屹立不倒，不断使养殖场成长壮大。

（三）王继苓得到父亲的指导

王继苓的父亲原是乡镇政府的一名干部，这一点在很大程度上无形地影响着这位女孩的前程。分管农业的父亲对养殖业有着独到的看法，他认为养殖业用工少、投入少、见效快、收益高，很适合小家庭经营发展模式。凭着职业的敏感，王继苓的父亲开始有意识地引导小女儿借着全县大力调整种植和养殖业结构的有利时机，发展养殖业，实现致富梦。在父亲的帮助下，王继苓走上养殖业发展道路。在前期亏本失败的情况下，王继苓能得到父亲的指点，找出原因，吸取这一教训，准确地抓住市场的信号，发展自己的销售网络，使养殖场进入良性运营的轨道。

（四）王继苓注重养殖场的发展规划

对于养殖场今后的发展思路，王继苓早就描绘好了蓝图，她想把养殖场建成一个科学、规范的立体养殖场，鸡粪可以投入鱼塘或用乳酸法发酵后喂猪，用猪粪发酵育虫可以喂鸡，房前屋后的地块全部用来种植青饲料，这样一来不仅降低了投入成本，也增加了经济收入。她总是说：尽管自己的养殖场有了一定规模，但与大市场接轨，这样的规模还不够，与自己的梦想还有很大差距，还需要走很长的一段路。王继苓相信，只要肯努力，善学习，梦想终会实现。

综上所述，王继苓创业注重养殖场的发展规划，善于找出适合自己创业的一条路子，充分发挥吃苦耐劳和不屈不挠的精神，遇到困难也不怨天尤人，而是积极应对，从失败中总结经验教训，不断充实自己的专业技能，扩展自己的销售网络，并逐步把养殖场规模做大。

六、讨论思考题

1. 你了解目前云南边疆民族地区的就业形势吗？如果你生活在这些边疆民族地区，会如何规划未来的职业发展方向？

2. 结合本案例，谈谈自主创业对于应对就业压力、实现人生目标的意义。

3. 结合王继苓创业的案例，你认为创业者应该培养和锻炼的素质、能力有哪些，其中哪些是最重要的因素。

4. 假若你是王继苓，谈谈今后将如何规划养殖场的发展蓝图。

（本创业案例素材由普洱市农村劳动力转移办公室提供）

研发植物新品种　发展特色农业

——记昆明文生果业有限责任公司创始人李文生

一、教学用途

技术是创业的基础，创业者自己要懂技术。技术创新能力是创业者事业成功的动力。创业实际就是一个充满创新的事业，谁都不能忽视科技带来的生产力。没有科技就没有今天农业的欣欣向荣。掌握知识和技术，应该深入投资农业者的心中。本案例将介绍创业者必须具备的创新能力。

二、企业现状

李文生精心打造的昆明文生果业有限责任公司是一家集果树植物新品种研发、种植技术革新、有完善营销网络的农业综合开发公司。以每年至少一项植物新物种向国家申报植物新物种权，现今已有两项生产上的发明专利和一项实用新型专利。现主要经营由李文生自主培育并获得国家植物新物种权（专利）认定及有机食品认证的“晚香蜜桃”桃树新品种。

公司现种植自主培育的“晚香蜜桃”500余亩，共种植优质晚香蜜桃2.6万余株，优质花椒1500棵，空地间种柿、李、梨、山楂等树200余棵，间种时令环保蔬菜100余亩以及生态养殖。固定资产达1622万元，年产值1200万元，2010年销售额达640万元，公司有员工52人，技术人员配备齐全，其中安排农村劳动力38人。还相继成立了昆明晚香蜜桃专业合作社，共有成员137户，不仅带动农户共同发展致富，还解决了部分农村富余劳动力的就业问题。几年来在李文生正确领导及全体职工的努力下，艰苦奋斗，经过辛勤耕耘，现在晚香蜜桃种植基地已建成一个拥有自压式喷灌和地下管道浇灌根系的立体灌溉系统、冷链物流果实储藏系统、生态养殖系统和科技研发实验系统的具有现代农业高科技含量的现代化科技农业园区。经过这艰苦而漫长的奋斗，才拥有了今天的辉煌成就，这与李文生的艰苦朴素、刻苦钻研的创业精神是密不可分的。

三、创业背景

（一）个人背景

李文生原本是大理林业局的一名职工，为减轻困难企业的负担，提前内退的林业职工李文生，由林转农，经过十多年的精心研究，在多个品种中筛选、嫁接，终于自主培育成功了大果型晚熟新品种，是目前桃栽培品中较为理想的鲜食、加工两用的新型品种。在挂果物种中，进行定向培育，于1998年向选定的枝条进行嫁接扩繁，2004年定名为“晚香蜜桃”，并向国家申请了植物新品种保护（专利）且获得了有机食品认证，自发展以来都有着各方面的优势。李文生一直艰苦奋斗，致力于现代化农业的发展，为了扩大规模发展晚香蜜桃这一优质新品种，他的这一发明也为自己的创业之路奠定了有利的基础，2003年在昆明官渡小哨创建了500余亩的种植基地，在这里开始了他的创业之路，经过多年艰苦奋斗，晚香蜜桃的发展也得到了政府和广大民众的肯定和赞誉。

（二）社会背景

水果产业是种植业中继粮食和蔬菜之后的第三大产业，是劳动密集型和技术密集型相结合的产业，也是我国农业中具有比较优势和国际竞争力的产业之一。果业的发展，对发展现代农业，提高农民收入，建设新农村，都有着重要的作用和影响。随着经营主体多元化的格局更加明显，市场竞争更趋激烈，经营方式和经营业态正在发生新的变化。区域化、标准化、专业化、规模化的生产逐步扩大，打造特色水果，形成“一村一品”“一乡一企”，建成水果商品基地。通过无公害农产品认证，有机食品、绿色食品认证的水果比重增加较快，生产者、消费者的食品安全意识和品牌意识增强。同时，申请地理标志证明商标和商品商标注册的水果在增加。有果品无商标的状况有所改变。

水果企业应创新发展观念，转变发展方式，加快实现以“数量扩张型”到“质量效益型”的转变，把果品产业发展的目标从单纯追求总量增加调整到优质高产高效。在稳定面积、提高单产的前提下，更加重视提高质量，把品牌建设放在更加突出的位置。积极探索符合我国国情的现代果品产业发展道路，实现从分散经营到集约经营的转变，走劳动、资金和技术复合密集型的发展道路。

四、创业过程

李文生最早于1987年10月至2003年初在大理成立大理市农牧科技扶贫开发公司，从事种猪养殖、水果种植。种猪养殖达到千余头，在当时是大理州最大的种猪繁育基地。在此期间通过精心的水果繁育，培育出一种新品种桃子，后起名“晚香蜜桃”，并在大理的水果基地进行了稳定性测试。后因政府征地，面临基地搬迁问题。李文生经过多次对小哨种畜场的土壤、水源、肥源、气候、温度、湿度、交通等条件的考察，这一切条件都适宜晚香蜜桃的种植生长。经检测，这里的土壤富营养化，海拔适中，植被覆盖率高，水源丰富，且当地人口密度不大，周边都是具有规模化的种植业、养殖业基地，无任何工业污染源，空气新鲜，生态自然。在2003年年底迁到昆明市官渡区大板桥镇白汉场村云南省种畜场内租用了500余亩土地，种植自己精心研发的晚香蜜桃。功夫不负有心人，晚香蜜桃在昆明小哨种植成功，并于2008年8月报经昆明市官渡区工商行政管理局批准成立了一家集研发、培育、种植、销售晚香蜜桃与开展相关农业服务一体的专业的公司——昆明文生果业有限责任公司，还相继成立了昆明晚香蜜桃专业合作社，其成员共137户。

公司在李文生的正确领导和苦心经营下，相继获得了不少荣誉：（1）2009年、2010年被评为官渡区龙头企业；（2）2010—2011年获市级农业产业化龙头企业称号；（3）2009年获农村星火科技带头人称号；（4）2009年获得昆明市青年绿色科技示范园称号；（5）2011年获市级科技特派员示范单位；（6）2011年获得合作社示范社称号；（7）2011年获云南省消费者最具代表特产品牌推荐企业；（8）2010—2011年获昆明国际农业博览会优秀参展企业；（9）“优质晚香蜜桃种苗繁育技术”项目荣获“2011年度官渡区科学技术进步奖”二等奖；（10）李文生本人也获得2011—2012年度“官渡区优秀科技人才”称号。

五、经验与启示

（一）探索实践，发明专利技术

技术保证质量。好的技术是好的产品质量的保证。产品质量的优劣，已不仅仅是传统概念上的物美价廉、经久耐用，还需要产品的科学性、安全性。李文生悉心钻研，严格按照国家有机标准要求，并结合实际情况总结出一套统一的、完整的适合云皇牌晚香蜜桃生长的技术管理体系，在业内达省内领先。

李文生创建的晚香蜜桃种植基地，全程种植采用有机农家肥，通过益生菌发酵而成，并且基地种植的晚香蜜桃有统一的树形管理。传统的桃树栽培方法为行距比较宽，没有规律性，杂草危害严重，除草、施肥投入的成本较高，土地利用率比较低，影响桃的种植效益。经过多次的实验，李文生还自行制订了一套“晚香蜜桃林间套种紫花苜蓿的栽培方法”（已向国家申请了发明专利），此项栽培方法可减少晚香蜜桃行间的杂草生长和病虫的危害，减少除草剂和有机农药的使用。由于紫花苜蓿根瘤菌的固氮作用，为晚香蜜桃提供了氮素营养，减少了肥料的施用；紫花苜蓿在林间同时起到保土保肥保水的作用，为晚香蜜桃均衡了养分需求，这也是有机施肥的科学方法。

采用先进的科学技术——太阳能灯光诱捕杀虫，在桃林间安置太阳能灯（5 亩/盏），白天进行太阳能量的储存，晚上自动亮灯诱捕杀虫，无须人工开关控制，简单、科学、方便、快捷。并在晚香蜜桃不同的生长期内进行间断性的有机农药杀虫，两者结合为综合性的农业害虫防治及治理方法。

李文生还结合日本、中国台湾等地先进的修剪技术以及云南本土水果的生长方式研究出一套对晚香蜜桃有效的科学修剪技术，其修剪分为冬剪和夏剪，为晚香蜜桃在生长期间均衡了营养输送和助势了桃的生长。

灌溉系统采用地下管道浇灌根系和空中自压式喷灌林间，保证果林水、肥、气、热的需求平衡，从而保证晚香蜜桃的生产产量以及果实质量。

采用国内领先的冷藏设备在基地建立了一座气调式冷藏保鲜库（已申请发明专利），使晚香蜜桃能够在一定时限内保鲜保质。使用冷库低温保藏新鲜桃果实，其特征在于在桃入库后阶段式降温，桃出库前阶段式升温，保证产品的口感和品质。

通过多年的苦心研究和实验，李文生所创建的晚香蜜桃种植基地由于有以上科学管理技术做支撑，从而保证了晚香蜜桃的原生态，让消费者吃得放心、安心、舒心，也使晚香蜜桃这一优质新品种在竞争激烈的市场中立于不败之地。

（二）勇于创新，探索经营模式

作为创业者，为了企业的发展，必须与时俱进，开拓创新，才能使自己的产品有力地占据市场，李文生研发的新品种“晚香蜜桃”正值中秋国庆期间成熟，正好填补了云南秋桃市场的空白。由于昆明旺季果上市集中，加之主要品种是以早熟水蜜桃为主，山区农户运输不便。所以，桃果正季价格低，丰产不丰收，一般品种的桃卖果难问题突出，群众已开始大量砍伐桃树。晚熟桃耐贮运，但昆明市超市里的晚熟桃都是四川调运进来的，一方面是桃卖不掉，另一方面是优质桃缺乏，群众想种桃，但找不到效益高的品种。晚香蜜桃培育成功后，在2007年的昆明农业博览会上以其品质优良，被评为优质水果，参加会议的客商对该品种评价较高，国外客商提出要签订购销合同，从此晚香蜜桃的发展登上了国际舞台。但由于现有种植面积十分有限，优质栽培技术缺乏。昆明地区是生产优质桃品种的适宜区域，出口温带水果尤其是桃果，有着良好的交通区位优势，而晚香蜜桃是昆明山区乡镇有针对性地生产的优质出口型桃品种，口感好，品质优良，也因此得到广大市民的肯定。

在不断的探索经营中，李文生创造了“公司＋基地＋农民”的属于自己的专业经营模式，促进了农业产业化的发展。通过获取有效、精确的信息，不断地探索，运用自身丰富的销售经验和实际操作，改变了传统的销售方式。面对市场需求及消费群体的不同，他把晚香蜜桃分成了不同的档次，根据其大小和品质运用了不同的产品包装，不同的包装又分成了不同的等级和价格。比如，优质一级品用于礼盒装，中等的用于家庭装等。这样不仅提高了晚香蜜桃的商品价值，满足了不同消费群体的需求，还使其走向了品牌化，形成了统一的销售体系，为企业带来了明显的经济效益，实现了利润最大化。

（三）发挥龙头优势，带动农民致富

李文生选择自主研发并通过认证的晚香蜜桃果树特色新品种进行种苗开发推广，通过项目的实施提高了官渡区山区乡镇土地综合使用效益。并且，随着项目区生态能源建设及无公害栽培技术的应用推广，养殖场牲畜粪便、沼渣、沼液作为桃树生产的有机肥源，可有效得到利用，实现“三废”良性循环。农药施用量也得以降低，减少了环境的污染。实施果园间套、地膜覆盖、果园除草等农艺措施，可提高植被覆盖率，实现山、水、林、田、路综合治理，绿化田园，美化环境，这对减少水土流失，维护生态平衡起到极为重要的作用。

优质晚香蜜桃基地的建成投产，对官渡区蜜桃生产区域化、标准化、规模化、产业化发展将会有较大的推动。同时，对官渡区优化农村产业结构，促进优势农产品开发，促进农民增收，带动包装、运输、贮藏、加工等相关行业和观光旅游业的发展以及解决部分待业人员的就业问题均起到了一定的推动作用。公司发展带动农户 136 户，解决部分农村富余劳动力的就业问题，直接安排农村富余劳动力就业 38 人，户均增收 15000 元。李文生创建的公司于 2009 年起连续被评为区级农业龙头企业，2010—2011 年还被评为市级农业产业化龙头企业，为企业、为农民、为社会经济的发展作出了突出的贡献。

他所领导的公司，一直力推以市场为导向，推广植物新品种——晚香蜜桃，发展现代化农业，提升产品质量；组织、带动周边和发挥周边农户的作用，实现农业生产、旅游观光一体化，使农民真正获得实惠，为农村经济发展增添新的经济活力。公司根据官渡区山区乡镇的发展现状，优化其资源配置、调整产业结构、发展生态特色农业，提高了农业科技水平，推动了农业产业化建设，实现了农业可持续发展。

（四）注重培训，促进就业，培养优秀人才

李文生培育了晚香蜜桃，建设了晚香蜜桃种植基地，带动周边农民共同致富，创造了培育出无公害有机栽培的先例；调整品种结构；推动晚熟优质蜜桃种植业的发展。在自身发展的同时，还对周边农民进行科技种植培训，在 2010 年积极组织了有效的技术培训达 5000 人次，并发放科普资料 10000 余份。其中培训内容有种植树木、培植砧木、进行芽接、种苗换床等方面的技术培训。通过这些技术的培训，不仅提高了农户的种植技术和科学文化素质，还为农户增添了科技致富之路，也为官渡区的经济能够有效、持续、稳定地发展起到了积极的作用。通过组织培训及科普宣传，增强了农户对科学知识的学习与应用；促进了农民增收，带动了农户的经济发展；提高了农业的综合效益，促进了农村产业结构的调整和优化及其市场化进程，架起了农民通向市场化的桥梁，使其向产业化发展。

同时，为大学生创建大学生现代化农业创业实践基地。创业实践基地通过把创业的理论教育和实践教育相结合，积极引导广大大学生村官转变观念，扩大视野，增强创业的本领，为农村培养创业人才。基地以其先进的现代化农业科技管理模式，向大学生村官展示现代化农业企业的特色，引导大学生带动传统型农业向现代化农业转变，从而创造更加明显的经济效益和社会效益。创业基地为大学生村官提供系统的创业培训，更重要的是大学生可以在基地进行创业实践，通过真实的创业活动，使其潜能得到进一步的开发，这种培养模式是学校教育的重要补充，在干中学，在实践中总结经验，使创业实践基地成为培养创业人才的摇篮。

（五）以农为本，为民服务

李文生在苦心经营事业中一直强调公司要本着“以农为本，为民服务；以人为本，团结协作”的方针，以“强化农业基质，崇尚人文自然；生态种植养殖，统一销售管理；弘扬团队精神，构建消费群体；创造企业品牌，树立企业形象；打造精品农业，为民为农服务”为宗旨，始终致力于为消费者提供品质优良、安全卫生、绿色有机的农产品，如今在行业内已树立了良好的企业形象和品牌信誉。

他的果树研发、种植技术水平在国内处于领先地位，现在正培育新的水果品种。现已研发出的产品在部分农户中推广并取得较好的市场经济效益，通过优质水果品种种苗的大力推广，为农户种植、养殖增效发挥了积极的作用，在节约种植成本的基础上，提高果树挂果率。李文生还主动与高等院校及农户协作，在与院校合作和农户种植、养殖的带动上，也解决了部分大学生和农村富余劳动力的就业问题，带来的经济效益、社会效益明显。

李文生表示，虽然创业的道路是艰辛的，但他会始终坚持这份事业，再接再厉，做大做强特色农业。随着昆明国际空港开发区的建设，李文生的晚香蜜桃种植基地已纳入国家空港开发区规划范围，未来几年，李文生将把晚香蜜桃种植基地打造成生态农业示范区和生态农业观光旅游区，以更加崭新的面貌笑迎四海宾朋，为广大农民增收致富、为社会作出更大的贡献。

六、讨论思考题

1. 想一想，你选择的创业项目需要怎样的技术才能形成竞争优势?
2. 如果你开始创业了，你准备在哪方面进行创新?

（本创业案例素材由云南农业职业技术学院教师姜红提供）

发展知识农业　转变养殖观念

——沾益县天茂林牧有限公司创始人桂宝清的创业之路

一、教学用途

传统农业生产是大量农业资源和少量知识（往往是经验）运用于生产产品的过程。相对于这种以消耗实物资源为主的传统农业而言，知识农业则是指在农产品生产到最终消费的全过程中，以科技知识和信息的生产、分配与应用为核心，以创新为直接推动力，以农业知识网络的构建与完善为基础和保障，使知识的物化价值在农业产出中占相当比重的农业。传统农业经济的生产要素是土地、劳动力和劳动工具，其中起决定作用的是土地。知识农业则打破了传统农业经济形态生产要素的物质性，将无形化的知识升腾为重要的生产要素之一。本案例介绍了如何在传统农业中发现商机，做到创业升级，从而形成自己的特色，并指出知识和技术在传统农业升级中的重要性。

二、企业现状

沾益县天茂林牧有限公司是一家主要从事山羊养殖、牧草种植、林业生产一体化的综合性农业公司。公司肉（种）羊养殖场位于西平镇清水沟村委会。2008 年 2 月经沾益县工商局批准注册成立沾益县天茂林牧有限公司。建场以来，严格遵循畜禽标准化规模养殖的各项技术要求，全面推行无公害农（畜）产品生产技术，特别是 2010 年申报畜禽养殖标准化示范创建以来，在市、县畜牧兽医部门的精心指导下，按照“畜禽良种化、养殖设施化、生产规范化、防疫制度化、粪污无害化”的畜禽标准化规模养殖要求，对照肉羊标准化示范场标准进行养殖。

2009 年公司自筹资金 350 万元新建种羊场，现公司总资产 1560 万元，固定资产560万元，现存栏努比亚母羊420只、公羊52只，共8个家系。2011年出售种羊180只，实现销售收入60万元。公司现有职工40人，羊舍5栋，面积2200平方米，运动场3500平方米，设计饲养规模可达2000只。3年来解决了当地农村的富余劳动力1000余人，发展饲草种植山羊养殖户300余户，户均增收1200元。2010年11月经市级畜牧部门组织专家现场考核，被列为曲靖市一级种羊场，获得了种畜禽生产经营资质；2010年6月成功获得云南省无公害畜产品基地认证；2010年8月被列为云南省畜禽养殖标准化示范创建扶持场；2011年9月经全省招标列为畜牧良种补贴项目中标种羊场；同年被曲靖市列为农业产业化市级重点龙头企业。昔日的荒山坡变成了“聚宝盆”，“天茂种羊”成了曲靖肉羊养殖户的“香饽饽”。带动周边100多户农户发展肉羊产业，公司目前已与25户养殖户签订了育肥养殖协议，每年出栏黑山羊达560余只，引导18户养殖户种植优质牧草115亩，新建青贮窖275立方米，青贮饲料165吨。同时，解决地方富余劳动力3000人次的就业问题，每年支付工资约15万元，收购当地农产品70余吨。公司计划在3年内带动500户养殖户发展人工种草养羊产业，养殖户人均实现纯收入1200元以上。

三、创业背景

（一）个人背景

桂宝清，现年30出头，只有小学文化。2006年12月，在国家大力实施荒山荒坡承包利用的政策引导下，桂宝清与沾益县西平镇清水沟村委会签订了3000亩承包合同，承包期50年。由于土壤贫瘠，成了不毛之地；又由于水土流失和气候干旱，周边又没有水源，不利于耕作，逐步成为荒无人烟的地方。面对这样恶劣的情况，出路何在呢？想来想去，还是决定走出去到周边地方先学习一下。于是他准备了一些简单的衣服，先后到石林、陆良、师宗等地去学习荒山利用方法。10天后，回到了家，痛下决心：唯有“先植树再修路”才是出路。于是，当年投资250万元修通了一条简便道路，在红红的沙坡上画线、打塘，种植了桉树等经济林果2400亩。那些日子，摸爬滚打，吃住都在山上，共种植桉树、滇朴、核桃等经济速生树种20万株。由于当年风调雨顺，两年后，一棵棵小树苗变成了如今的千亩人工林地。由于养殖业的需要，他在桉树林间，林下种植牧草，形成了林深草肥、交通便利的得天独厚的条件，为构建了林地放牧和山羊养殖场两大生产基地奠定了坚实基础。

（二）社会背景

近年来，我国肉羊生产、加工发展势头强劲，羊品种杂交改良步伐加快，饲养肉羊的效益较高，活羊、羊肉价格还将在较长一段时间内保持稳定。

羊肉市场供需两旺，价格稳中有升。2012 年春节后，羊肉价格就一直居高不下。欧洲、美国是世界上最主要的羊肉进口地区，国际羊肉供需存在缺口，羊肉供不应求，将推动国际市场羊肉价格走高，这有利于我国肉羊养殖业的发展壮大。

产业化经营水平的提高将促进羊肉的生产、加工、流通和消费。我国政府对发展肉羊生产非常重视。随着养羊业的发展，涌现出一批从事养羊生产、加工、流通的典型，将有力地推进生产、促进流通、引导消费。消费的增长必将拉动养羊生产和羊肉深加工业的发展，而活跃的加工流通业以及方兴未艾的消费市场是养羊业发展的坚实基础。

四、创业过程

2008 年春节，一场百年不遇的冻雨袭击了曲靖大地，天茂林牧基地所在地海拔 2100 多米，更是首当其冲，加之所植树种几乎都是阔叶类，抵挡冰雪能力差。冻雨整整持续了一周，桂宝清的第一反应就是树保不住了。半年后，辛辛苦苦种下的树损失过半，只剩小树下半部分的树干在风中摇晃。创业走到了最艰难的时候。有一天，一脸愁容的他又一次来到了林地上，看到树尖已经枯了，树下的野草倒是长得比过去茂盛多了，就在坐下来抽烟的时候他想何不种草养羊呢？林地上还可以放牧。于是，养殖山羊的决心就这样下定了。

近年来，随着畜牧业的发展，过去那些“靠天养羊”的传统模式已经不能适应现代畜牧业发展的要求，更不能在剧烈竞争的市场经济中站稳脚跟。刚好在这时，经熟人引荐，他认识了一位曲靖市畜禽繁育专家——尤如华研究员。他把想法与专家做了交流，得到了专家的支持和指点。天茂林牧要“养什么样的羊，用什么标准养羊?”很现实地摆在了眼前。对于桂宝清来说，虽然小时候也上山放过羊，但那时是为了农业生产需要而养的，可是今天不同，他是为了取得经济效益，做出一番事业来而养。在专家的带领下，桂宝清坐上了去山东的火车，对全国比较有影响的山羊养殖场进行了考察和学习。半个月后回来了，但收效不大。云南和其他地方在地域和气候等自然条件方面有差异性。结合云南的实际，要选择生长周期短、生长速度快、肉质好、适应性好、生育力强的品种，养殖具有云南地方特色的山羊才有出路。

因此，经过综合论证，最终确定了初步的发展规划就是引进纯种努比亚山羊和优良的努比亚黑色山羊品系群等建成种羊扩繁场。公司以种羊产业作为主导产业，向客户提供满足产业链需求的高质量产品及技术服务，走“公司+基地+农户”的发展路子，制订标准化肉羊养殖技术标准，培养服务团队，打造“天茂种羊”品牌。

五、经验与启示

（一）厂房里养羊，转变养殖理念

2009年2月，公司自筹资金350万元开始了“工厂式”羊场的建设。“工厂化养羊”就是按照工业化大生产的要求，用市场、质量、标准、竞争等工业发展的理念来生产经营畜牧业。所以，在基础设施建设中，根据种羊的成长规律，设计了具有自主特色的养殖配套体系。种羊场采用封闭窗式双排高床山羊舍建设标准，配备专用饲槽和自动饮水器，设计半自动机械清粪设备、保温及通风降温设施，建设了档案资料室、隔离羊舍、更衣消毒室、药浴池、兽医室及防疫药品存放室、人工授精室、化粪池、堆粪场等附属设施，配备青贮窖、仓库、深机井、水池等基础设施。同时，购置了切草机、青贮饲料机、粉碎机、饲料搅拌机、饲料颗粒机、备用发电机等生产工具。特别是自主设计的半自动清粪设备，备受专家和媒体的关注。2011年5月，曲靖珠江网新闻栏目记者报道“沾益天茂林牧：自动除粪消毒，山羊也可以自动化养殖”。“走进沾益县天茂林牧有限公司位于沾益县西平镇清水沟村委会独石山的努比亚黑山羊养殖基地，你会惊诧于这里的山羊养殖方式：自动化除粪、消毒、草场灌溉……采用这些自动化设备养殖山羊，在曲靖仅此一家，别无分店。这些机械化设备的使用，使该公司成为曲靖目前自动化程度最高的山羊养殖企业。一千多只的山羊养殖规模，也让该公司坐上了曲靖山羊养殖规模第二大的宝座。”

（二）“标准化”养殖，实现无公害循环养殖

面对激烈的市场竞争，天茂林牧有限公司始终坚持“畜禽良种化、养殖设施化、生产规范化、防疫制度化、粪污无害化”的“五化”标准，其目的就是提升和推广关键养殖技术，充分发挥示范效应，全方位影响和带动全县规模养殖户大力发展标准化生产。

为实现养殖设施化，在选址布局上，公司选择了具有良好防疫条件的山地生产环境。养殖场占地150亩，实现生产区、生活区、粪污处理区分开，生产区内设有单独的标准化母羊舍、羔羊舍、育成舍、育肥舍，并配有运动场，场区内净道和污道分离，互不交叉。有专门的消毒池、隔离区、污水污物处理区、无害化处理区。

为实现生产规范化和防疫制度化，公司进一步健全完善了畜禽规模养殖场的各项规章制度，落实“一块牌子、五项制度、八个本子”的全县规范化管理制度。“一块牌子”，即养殖场备案登记牌，同时申请办理了“种畜禽生产经营许可证”“动物防疫合格证”“营业执照”；“五项制度”，即饲养管理制度，卫生防疫制度，兽药使用管理制度，饲料使用管理制度，养殖档案管理和动物标准、产地检疫报检制度五项制度；“八个本子”，即畜禽养殖场小区养殖档案，生产记录，消毒记录，免疫记录，饲料、饲料添加剂记录，兽药使用记录，产地检疫记录和诊疗记录，坚持每天记录上本、档案入柜。在此基础上，进一步完善科学饲养管理操作规程，从饲草种植、喂养和疫病治疗的每一个环节，严格按照操作规程执行，实现无公害循环养殖。现已通过农业部无公害畜产品基地认证。

为实现粪污无害化，建有自动除粪设备和清粪专用通道，贮粪场建在养殖场下风口，与生产区保留适当的距离，具有防雨、防渗设施；场区内垃圾集中堆放，位置合理，无杂物堆放。羊粪经发酵处理后，作为有机肥利用，增加土壤肥力，有利于资源循环利用。由于基础扎实，2010年11月经农业部专家组考核合格后列为全国标准化示范创建场给予扶持。

（四）羊场娶来“美羊羊”，提高繁殖率

品种决定产品的质量，也决定销售价格。2009年11月引进了努比亚黑色山羊，其中母羊420只、公羊60只，共组合8个家系，2010年山羊产羔率

达到90%以上。母羊基本上实现了良种化。本地山羊和努比亚山羊相比：本地山羊生长一年半以上，体重才能长到50公斤左右，而努比亚山羊仅需生长一年左右就可达到50公斤；努比亚山羊最大可长到120公斤，养殖两年体重可达80多公斤，而本地山羊两年仅能长到五六十公斤，3年左右才能长到70多公斤。本地母山羊一胎生育双羔的几率仅有50%，而努比亚山羊则高达80%。努比亚山羊还没有膻味，肉质好。更重要的是，努比亚山羊可以大规模、标准化圈养，规模效益显著，劳动力成本低。纯种基础母羊达到两年三胎或一年两胎，繁殖率达到200%，不仅繁殖率高，而且省草料、耐粗饲，适合当地气候条件和水草特点。

现在，努比亚黑山羊种羊和羊羔的销路都不愁，对于努比亚黑山羊的“钱景”，桂宝清很乐观。羊舍建成投产的2010年6月，繁育成功了第一批努比亚种公羊150只，通过专家进行种质鉴定，符合种用标准，先后有周边市县的养殖户前来订购。仅县内炎方、白水两乡镇就订购了250只，迎来了建场以来的第一批“大客户”。

（五）建立网站，与养殖户知识共享

天茂林牧喜养羊，天道酬勤耕耘忙。天茂林牧有限公司在艰辛的创业进程中，积极探索有效的发展模式，努力寻求公司与养殖户经济利益最大化的途径，建立互利双赢的发展机制。

2011年7月建成了沾益县天茂林牧有限公司网站，以更广阔的视野和更方便的服务为公司的宣传和发展搭建了平台。到2015年计划年繁育优质种羊500只，年出售肉羊1500只，实现销售收入500万元。同时，建立了一系列促进“公司+基地+农户”发展的机制和策略。一方面，公司选择有一定规模的养羊户，免费提供一只母羊给农户饲养，并负责全程提供技术支持和保护价回收，构建“公司+农户”的养殖运作模式，稳步提高农户的经济效益。通过品种改良，沾益县的山羊养殖呈现出生长速度快、出栏周期短、产羔率提升等明显特点，饲养规模进一步扩大，品牌效应初步显现。

另一方面，面对国家进一步扶持“三农”的重大发展机遇，公司将围绕既定的发展目标，切实把云南黑山羊品牌做强做大，创立山羊产业交易市场，拓展种羊及饲料供应产业链，积极探索工厂化肉山羊饲养技术，内引外联，加强合作，努力把天茂林牧有限公司建成具有国际竞争力的肉山羊产业基地，实现云南山羊产业的可持续发展和健康发展，迎来更加广阔的发展前景。

六、讨论思考题

1. 结合天茂林牧公司的创业过程，谈谈知识在创业中的重要性。
2. 如果你正准备创业，请谈谈你的创业项目需要哪些方面的知识。

（本创业案例素材由曲靖农业学校提供）

发展生态农业　带富一方经济

——记曲靖利民獭兔公司创始人何彬

一、教学用途

特种养殖是一种产品具有特殊利用价值的、新奇的、特殊的养殖业。长久以来，我国一直处于农业大国之列，农业种养面积居全球前列，但综合经济效益极不明显。而作为经济效益更明显、附加值更高、市场需求更大的农业行业新增长点，以特种养殖为核心的生态农业必将带领我国广大农民朋友走上更加宽广的致富大道。本案例介绍了特种养殖应如何把握好时机和适度的规模、掌握准确信息、运用养殖品种的管理技术。

二、企业现状

曲靖开发区利民獭兔开发有限公司，坐落于彩云之南的曲靖市麒麟城（即麒麟区，传说有麒麟仙女在此下凡造福于人，故称为“麒麟城”），距云南省会昆明市135公里。此地冬无严寒，夏无酷暑，四季如春，是天然的恒温兔场。公司创建于2000年9月，属私营股份制企业，总投资6000多万元，固定资产4000多万元。是集獭兔良种繁育、科研、技术培训、种兔供应、饲料加工销售、商品兔回收、皮肉加工及产品销售、餐饮于一体的综合性实体。

公司现有员工167名，大专及以上各类专业人才58名。外聘农业技术推广研究员1人，养殖方向教授1人，高级畜牧、兽医师2人，食品加工高级工程师2人。与云南农业大学、云南农业职业技术学院达成技术合作协议，并得到云南省、曲靖市、麒麟区畜牧兽医服务体系、科技服务推广体系的技术支持及对獭兔养殖的推广。11年来，公司坚持“公司+科技+协会+基地+农户”的产业化发展经营模式，采取公司牵动，科技互动，协会联动，基地带动的发展经营方针。以曲靖市为中心，发展辐射云南各州市及周边四川、贵州等省（市）。已发展年出栏万只以上獭兔养殖基地25个、獭兔养殖小区12个、獭兔养殖科普服务站18个、规模獭兔养殖户2970户，长期向广大饲养场（户）提供优良种兔、养殖专用器具、獭兔全价颗粒饲料、兔笼、自动饮水器、专用食槽等，签订商品兔最低保护价回收合同，无偿上门技术服务和上门回收商品獭兔及产品，让广大饲养场（户）有了稳定的销售渠道和价格保障，达到产销无忧，同时获得最佳的经济效益。

公司本着“科技开拓，永续经营，服务民众，品牌强企，信誉至上，实现企农双赢”的发展方针，倡导“诚信、团结、敬业、奉献”的企业服务理念，努力不懈地为广大群众提供优质的产品与真诚、专业的服务，得到了云南省各级行政、主管部门的支持和认可，深受广大合作者、消费者的青睐。11年来，公司先后被政府各级职能部门授予“云南农业产业化经营省级龙头企业”“守信用企业”“全国科普惠农兴村先进单位”“省级种畜禽生产单位”“推广良种獭兔养殖技术二等奖”“全国养兔行业优秀企业”等荣誉称号。

为推动我省獭兔养殖业与食品加工业的步伐，实现云南“獭兔产业可持续发展战略”和促进畜牧业结构战略性调整，公司于2010年12月斥资3500万元兴建兔肉食品深加工厂，研发“麟獭”兔肉系列产品，力求在全国主要目标城市建立专营店和开发经销商，建立自己的销售网络，树立企业品牌形象，提高市场占有率。2011年7月，公司斥资500万元打造“利民獭兔花果山庄”，融合了川、粤、滇地方特色风味，研发推广鲜食獭兔肉系列特色菜品，引领云南鲜食兔肉消费潮流，打造生态兔肉养生餐饮文化新概念。

如今，公司全体员工正在何彬的带领下走专业化、差异化、精细化经营之道，并朝着两年内年销售额超亿的目标奋力前进。

三、创业背景

（一）个人背景

何彬，云南省曲靖市利民獭兔开发有限公司法人兼总经理，1969年出生于四川省简阳市一个普通农民家庭。由于家境困难，1983年小学毕业的他就不得不回家务农。他想，继续上学是不可能了，不如做点什么事，为家里多赚点钱，改善一下家里拮据的生活状况。可在农村能做什么呢？搞种植业父母一定不同意，因为家里的土地不多，仅能糊口，所以只能搞养殖业。

1985 年，16 岁的何彬在家人不支持自己养兔的情况下，向亲戚朋友东拼西凑了 1000 多元钱，买了 6 只长毛兔，开始了自己的养兔事业。但是，养兔并不像何彬想象的那么顺利、美好。1987 年，18 岁的何彬在家乡投资成立了自己的养殖场——兴达种兔场，发展长毛兔 1100 多只，真正走上了自己的创业之路。1990 年，他引进肉兔、獭兔等 6 个品种试养，以壮大自己的养殖规模。但由于饲养管理技术跟不上，造成养殖失败，赔了钱。此时，何彬开始转变思路，由抓种兔生产转向了市场销售，他先后到浙江、山东、河北等养兔业发达的省份考察，了解市场行情，并做起了兔皮、兔毛销售生意。1993 年，何彬在家乡又投资成立了大发野生动植物开发公司，主要进行獭兔、小香猪、麝鼠、乌骨鸡的养殖开发，最终他还是选择并成功开发了獭兔。由于国内的细兔皮成功打入日本市场，而且得到国际市场的认可，獭兔皮市场前景也很好，獭兔养殖业也随之迅速发展。1997 年，公司獭兔养殖项目被列入“国家星火计划”进行扶持和推广。

（二）社会背景

獭兔，是目前世界上最有开发利用价值的皮肉兼用兔。獭兔皮是珍贵毛皮制裘料，獭兔肉是高级营养健美肉，国际、国内都十分紧俏。特别是在欧洲、美洲和东南亚等发达地区，一直供不应求，需要持续大量进口。獭兔是食草动物，节粮型小家畜。目前，国内规范化饲养獭兔的场家很少，发展潜力巨大。发展兔业不但符合农业结构调整和生态工程建设，而且还可以节约粮食，可以高效地为人们提供兔产品。獭兔作为经济动物，还具有繁殖率高，世代间隔短，饲料转化率高，养殖资金周转快的特点，从而构成了獭兔商品生产“短、平、快”的突出优势，所以獭兔是加速农业产品结构的优化、切实增加农民收入的好产业。

目前，我国大多数獭兔饲养场、户都是在粗放的条件下饲养獭兔，獭兔养殖管理条件普遍较差，营养水平比较低，供给的饲料、口粮数量不足、质量偏低，营养物质不完全的现象普遍存在。

四、创业过程

獭兔是兔中之王，目前已成为世界上珍贵的以生产毛皮为主的皮肉兼用兔。在养兔业摸爬滚打 14 年的何彬，通过不断的学习和探索，已成为一名具有丰富的养兔管理技术经验和市场分析能力的专业人士了。1999 年，三十而立的何彬来到了云南省罗平县考察，他看到罗平具有发展獭兔的良好条件，于是，他留了下来，在罗平县推广发展獭兔养殖并出任技术顾问。当年就发展了 12 家养殖户。但这并不是何彬来云南的最终目的。

2000 年 8 月，经多方考察，何彬联合 3 个股东共同投资 50 多万元，在曲靖市麒麟区创建了曲靖利民獭兔开发有限公司，公司是云南省唯一的一家集獭兔良种繁育、科研、技术培训、种兔供应和饲料加工供应、商品兔回收、皮肉加工及产品销售于一体的综合性实体。公司成立之初，由于受市场皮价上涨的带动，至 2001 年上半年，公司在曲靖市发展了獭兔养殖户 124 户，取得较好的经济效益和社会效益。

然而，命运再次捉弄了何彬，2001 年下半年，由于受国际皮毛市场不景气的影响，国内皮毛市场价格大幅下跌，由年初的每张 50 多元下降到每张 5 元，这个价格远远低于公司与养殖户签订的回收合同价格，到 2002 年上半年，公司净赔了 20 多万元。这给了何彬当头一棒。然而，更严峻的考验接踵而来，最初志同道合的 3 个股东纷纷表示退出公司股权。最后，3 个股东一致同意以 3 万元的价格把公司连同基地转给何彬，条件是，不论市场皮毛价格如何波动，何彬必须按当初与养殖户签订的最低保护价回收，切实维护广大养殖户的经济利益。这是最重要的，也是最难的，公司回收一定要赔钱，不回收将失去信誉，同样也意味着养殖兔业的终结。公司发展那么多的养殖户，总要有人负责和承担责任吧？何彬自己也感到很难，但从事兔业 17 年来，他经历了太多的大起大落，他坚信：养兔业的春天一定会再次到来，“小兔子大产业”的目标会实现。

为了渡过难关，稳定养殖户的积极性，何彬从四川老家贷款 6 万多元，投入到改进基础设施及饲养方法上，以此提高毛皮质量，增强市场竞争力。功夫不负有心人，进入 2003 年，国际市场毛皮价上涨，每张卖到 15~20 元，同时公司的优良獭兔品种也培育出来了，这为公司带来了不小的收益。

同年，中国皮毛交易网的负责人到曲靖考察，当他们看到何彬的獭兔皮毛时，都称赞全国最好的兔皮就出自这里；同时，在交易网上进行了宣传报道。消息一传出，立刻引起了国际、国内皮毛商的关注，何彬的皮毛销售量有了大幅上升。与此同时，广大养殖户看到了巨大的商机，纷纷到公司参观，购买獭兔饲养，养殖户也迅速发展到马龙、寻甸、会泽、昭通等地。

此后，何彬的獭兔事业可谓一帆风顺。2004 年，市场皮毛价格稳中有升，公司与原 124 户养殖户签订的保护价也从 12 元升到了 16 元，大大提高了养殖户的积极性。到 2004 年底，公司成立 5 年来，发展獭兔养殖大户（场）200 多户，先后向省内外提供优良獭兔种兔 2 万多只，回收商品兔 30 多万只，向市场提供鲜兔肉及白条冻肉 250 多吨，向省外裘皮厂提供优质獭兔皮 20 多万张，完成总产值 775 万元，取得了较好的经济效益和社会效益，为广大农民增收致富和振兴农村经济作出了积极的贡献。2005 年，对何彬来说是具有重要意义的一年，从 1985 年开始养兔以来，他整整从事养兔业 20 年，20 年，他经历了太多的成功与失败，但他始终没有动摇过从事养兔业的信誉和理想，每一次成功与失败，反而更加坚定了他构建“小兔子大产业”的信心。

2005 年 2 月 25 日，在云南省寻甸县召开的首届“云南省养兔技术与信息交流和养兔协会工作大会”上，何彬介绍了自己养殖獭兔的成功经验，同时鉴于他对云南省养兔业作出的积极贡献，大会还对他进行了表彰。

2005 年，公司筹建的二期工程“一级种兔场”开工了，总投资 200 万元，占地面积 20 亩，建筑面积 1 万平方米，兔舍 1.2 万个，能饲养良种母兔 1200 只，常年能向社会提供优良獭兔种 1.2 万余只，出栏优质商品獭兔 3 万只，该种兔场竣工后，以培育适合地方饲养的“滇系獭兔”为主，将成为云南省獭兔养殖最大的种兔供应基地，向千家万户提供优良的种兔，带动整个云南省獭兔养殖产业的快速发展，实现“小兔子大产业”的奋斗目标。

2006 年 1 月，公司的桂花种兔繁育场被区科协命名为优质獭兔养殖科普示范基地；同年 4 月，何彬被曲靖市、麒麟区科学技术局聘为“科技特派员”；同年 10 月，农业部畜牧综合处和省、市、区畜牧局领导到公司考察调研；2006 年，公司承担云南省科技厅下达的农村科技星火燎原专项计划项目：獭兔产业化开发综合配套技术集成与示范。

2007 年承担农业部“麒麟区獭兔良种繁育项目”；1 月，被曲靖市麒麟区人民政府认定为农业产业化经营区级重点龙头企业；4 月 3 日，省政府有关领导和省长助理米东生到公司种兔场参观视察；4 月 15 日，省科协副主席罗永祥及市、区科协领导到公司种兔场调研指导；5 月 10 日，省人大副主席黄炳生和市区领导到公司种兔场视察；5 月 28 日，全国政协领导和省政协主席王学仁等领导到公司种兔场考察指导；7 月 10 日，获云南省农业厅农业技术推广二等奖；12 月 30 日，承担国家级星火计划马龙县昌隆铺村新农村建设关键技术应用项目。

2008 年 1 月，何彬总经理被曲靖市麒麟区提名为政协委员；2 月，公司被曲靖市麒麟区人民政府认定为农业产业化经营区级优秀龙头企业；3 月，公司被曲靖经济技术开发区管委会授予“守合同重信用”企业；5 月，公司被曲靖市人民政府认定为农业产业化经营市级重点龙头企业。

公司以“公司 + 协会 + 基地 + 农户”的产业化运作模式，形成了獭兔产业链，通过向广大会员、饲养场（户）普及獭兔养殖技术，提供优良种兔、养兔专用器具、獭兔全价颗粒饲料、颗粒饲料机、兔笼、自动饮水器、专用食槽等，培训技术骨干统一技术员实行近距离跟踪服务。公司与养殖户签订商品兔最低保护价回收合同，公司承担风险为养殖户消除了后顾之忧，促进了獭兔产业化的快速发展。公司实行统一收购、统一宰杀、统一加工、统一销售的诚信经营模式，走出了獭兔产业化发展之路。

公司依托协会、基地联动了千家万户，獭兔产业不仅覆盖了麒麟区和曲靖市，而且还覆盖到昭通、昆明等地。公司将以科学示范基地为载体，积极争取深加工项目，把皮、肉兼用型獭兔产业化做大做强，引领农民增收致富，为发展现代企业推进社会主义新农村建设做出新的贡献。

五、经验与启示

（一）“公司 + 农户”，借力滚雪球

经营的初期，由于投资有限，规模小，一年出栏约 2 万只獭兔，一个月才几千只，一批商品兔只有几百只，数量太少，销售成本高，利润空间挤压得很小。就养兔而言，农户比公司更有竞争力，何彬主动把发家致富的机会让给农户。2006 年，开始尝试“公司 + 农户”的生产模式，由原来只卖兔皮、兔肉，发展到饲料、药品、养兔用具全方位经营，出现了多个利润点，公司进入了快速积累阶段。

随着养殖户的增加，公司的销售业绩逐渐攀升，2010 年，销售獭兔皮 32

万张；2011 年，超过 50 万张，仅兔皮和兔肉的销售收入就达 2000 万元。

（二）依靠科技，稳步发展

多年的经验让何彬总结出獭兔养殖需要良好的技术支撑。2007 年，聘请董仲生老师担任首席顾问，进行种兔养殖户的技术指导；2011 年改聘董老师为公司技术总监。在董老师的引荐下，与中国兔业分会专家组、亚洲兔业协会、世界兔业协会、国家现代兔产业建立了密切联系。2009 年何彬被推选为云南省兔业分会常务理事，公司走上了依靠科技、科学发展的轨道。

2007 年，邀请四川农科院研究员、我国养兔专家刘汉忠为公司人员和广大养殖户作专题讲座。2008 年，邀请中国农业大学教授、我国家兔育种首席专家杜玉川现场指导獭兔新品系培育。2009 年，邀请四川畜牧科学研究院研究员唐良美，邀请扬州大学教授、《中国养兔杂志》创刊人王义华，到公司指导獭兔深加工技术。2011 年，邀请安徽农业科学研究院研究员、国家兔产业体系岗位科学家赵辉玲来公司指导工作；河南中原养兔专修学校韦学政老师也曾到师宗县现场指导养兔。

在公司发展壮大的过程中，广泛聚集獭兔养殖、饲料、加工专业人才，聘请国内知名专家，以组织科技攻关的形式，解决企业难题。由于带动农户致富的效果好，深受广大合作伙伴的青睐，同时有了多年的底蕴，公司逐渐受到麒麟区、曲靖市、省科技厅、省农业厅的重视，先后承担了 9 个部、省、市的科技项目：2006 年 9 月至 2008 年 9 月，主持云南省科技厅农村科技成果转化“獭兔产业化开发综合配套技术集成与示范”项目。按照“公司 + 协会 + 基地 + 农户”的产业化运作模式，采取建基地、抓示范、带动发展的措施，推行“统一设计建造兔舍，统一繁育提供良种，统一提供饲料或配料，统一组织兔具供应，统一养殖技术指导，统一回收、屠宰、加工、销售产品”的“六统一”方式，认真组织实施。2007 年 7 月至 2008 年 6 月，承担建设“国家级农业综合开发麒麟区獭兔良种繁育项目”，使公司良种獭兔繁育基地在设施、设备、技术上又跃上了一个新台阶，成为云南省最大、最标准的獭兔良种繁育基地。2007 年 7 月 1 日至 2009 年 12 月 31 日，实施“国家级星火计划马龙县昌隆铺新农村建设关键技术应用项目”，以马龙县为中心建立了獭兔养殖重点示范户。2009 年 5 月至 2010 年 5 月，承担建设云南省科技富民强县计划“獭兔新品系选育及养殖加工关键技术研究与产业化开发”

项目。2010年4月至2011年4月，承担“省生物产业项目”。2010年5月至2011年5月，承担省农业厅“麒麟区獭兔生产基地建设项目”“畜牧科技推广项目”“利民獭兔”的品质得到了提升，养殖技术更加成熟。

（三）创业培训，快马加鞭

何彬组织技术人员、聘请行业专家亲临獭兔养殖区、农户庭院传授技术，并编写《獭兔适用技术》《獭兔养殖百问百答》等书籍。开展獭兔养殖培训62期，受训人数7970人，免费发放獭兔养殖技术书籍7000本，受益人数23784人，实现产值2亿多元，使农户增收7000多万元。近年来，随着互联网的普及，公司聘请专业人员建立综合网站，开通兔业资讯、技术交流等平台，方便准备养兔及新老养兔户在网站查询资料。

（四）吸引资金，不断壮大

2010年12月，开始实施师宗县95万只獭兔深加工项目建设；2011年8月，成立曲靖市利民獭兔花果山庄餐饮分公司，基本建成生产、供销一体化的獭兔产业链。随着公司不断壮大、资本积累加强的同时，投资领域增加、业务量增长、资金缺口越来越大，公司产业化发展的步伐受阻，于是果断进行多渠道融资、整合资源、开源节流，确保獭兔产业可持续发展。2010年，由于新养殖户对种兔的需求量直线上升，公司毅然连续收编陆良彩色沙林种兔场和三宝种兔场，半年内，供种能力提高一倍。2010年8月至2012年8月，公司在师宗县工业园区投资5000万元建设年产95万只獭兔深加工项目，年产值达10267.6万元。项目的实施，带动建材、笼具、饲料、物流等相关产业的发展，在促进畜牧业结构战略性调整，增加农民收入、满足人们对健康绿色食品的要求，提高我省畜产品竞争力等方面都具有重要的现实意义和战略意义，能产生良好的经济效益、社会效益和生态效益。

六、讨论思考题

1. 请结合云南省曲靖市利民獭兔开发有限公司的创业过程，总结特种养殖项目创业成功应该具备什么条件。

2. 请根据你及所在地的条件，谈谈哪些特种养殖项目具有可行性。

（本创业案例素材由云南农业职业技术学院教师董仲生提供）

第五部分

综合管理篇

平民商道茶飘香

——大理州斯须乐茶场总经理茶应明创业之路侧记

一、教学用途

本案例指出创业者在创业过程中要充分发挥自身优势，掌握一定的技术和管理知识是创业的基础，教学目的在于帮助创业者明确在创业中要了解自身的优势、劣势、机会和威胁。创业不能光靠一身力气，创业者自己要善于发挥优势，要懂技术和管理，只有这样才能取得创业的成功。

二、企业现状

斯须乐茶场位于大理州南涧县公郎镇，是一家拥有固定资产200多万元，茶园面积250多亩，固定管理人员4人、稳定技术人员70多名，辐射带动茶场周边1000多户群众走上致富道路的绿茶生产企业。茶应明也因此成为南涧县的名人，在县城盖了一栋四层楼的洋房，买了越野车，真正实现了自己富也带动一批人富起来的目标。目前，茶场每年生产销售的茶叶产品在5万多公斤，年均产值达数百万元。2007年至2011年期间每年实现利税数十万元。2007年茶叶行情红火，茶叶的销售量一路上升；2008年以后受茶市萎靡和金融危机的双重影响，销售额和利税均有所下降（见表）。这也是我们在调研期间，茶应明跟我们探讨的农副产品市场波动大的原因。目前茶场生产的主打产品——“凤岭绿茶”——已通过国家无公害农产品认证和食品安全QS认证，产品远销下关、昆明、曲靖及陕西、福建等省的大中城市。

斯须乐茶场 2007—2011 年销售额和利税额表

年份	2007	2008	2009	2010	2011
销售额（万元）	286	235	238	252	267
利税额（万元）	47	35	37	34	48

三、创业背景

创业者在商海中拼搏，有的人可能获得成功，有的人可能遭遇失败，这与创业者的背景、素质和能力有直接关系。在此，我们分析一下茶应明的创业背景。

（一）个人背景

茶应明出生在一个普通农民家庭，20 世纪 80 年代，由于家庭困难和生计压力，他迫不得已放弃读书，独自背井离乡，踏上了艰辛的打工之路。在怒江务工期间，干的是造桥搬运的苦力，每天都要起早贪黑地干活，但一天只能拿到 7 元钱的工资，家庭的磨难和工作的艰辛锻炼了他不怕吃苦、不怕受罪、不怕艰难、不怕磨难的精神。加上回乡后，外出见过世面的茶应明不甘心平庸地生活，下过海，经过商，小打小闹做过两年养猪和贩菜的生意，有了一定市场经济体验和尝过下海经商甜头的茶应明萌生了创业的念头。1992 年回乡的茶应明，由于从事过几年茶叶种植和加工，在乡亲们的推选下担任了马房村茶场场长。较高的职务、特定的职位，让茶应明比普通茶农必须用更高的尺度看待和衡量茶场的经营与发展。

（二）社会背景

20 世纪 80 年代末 90 年代初，由于国家经济处于转型阶段，大部分西南地区，特别是我国西南落后的农村区域，普遍还是落后的集体大锅饭的体制。当时的南涧县大部分茶厂都是落后的集体承包责任制，但是这种小规模经营的最大弱点是农业经济效益低、抗灾害能力弱和农户市场风险大。该种生产组织方式与产业化经营的规模经济存在着严重的冲突。如何在现行的农村包产到户的生产责任制下探索一条规模化经营的道路，就成为重要的课题。在这样的背景下，南涧县政府为了适应农村生产力的发展需要，开始实行茶厂个人承包。再加上南涧地势较高、气候偏凉，使得南涧茶叶生长周期更长、口味独特、品质较高。对于属于当地传统特色产业的绿茶业来说，当地居民祖祖辈辈都有茶叶种植的习惯，只是限于当地小打小闹的小农经济意识，加工工艺的落后，南涧茶叶整体竞争力不强，茶农的经济效益普遍较低，还没有形成具有地方特色、知名度较高的茶叶品牌。茶应明正是抓住了这两点，从此走上了艰苦的创业之路。

四、创业过程

1997 年，在马房村茶场积累了茶叶生产和加工经验的茶应明，凭借过人的胆识和决心，将自家养的唯一的老黄牛以 3000 元的价格卖给供销社，又从亲戚朋友处借了些钱，并靠民间借贷筹集 6 万元的启动资金，开始做茶叶生意。他利用集体经济改制的机遇，独立承包了离家 30 多公里远的斯须乐茶场。之前，由于茶场属于村办企业，茶园衰老，管理不到位，茶树与杂草树丛一样高，效益低下，茶园面积仅为 100 多亩，固定资产不到 3 万元，年收入也仅为四五千元。于是，他下狠心，投入资金，起房建屋、忙薅锄、买机械、铺道路、接水电网，对老茶园进行修剪改造，边建设边生产。通过对茶园改造和技术革新，凭着不屈不挠、迎着困难上的创业精神，老茶园焕发了生机，茶园面积由原来 180 亩扩大到现在的 230 亩。

生产出的茶叶该销往何处？之前，有过从商经历的茶应明深知销售是创业最为关键的环节。茶叶生产出来后，他又当场长又当销售人员，带着产品从本县跑到外县、从州内跑向州外，为茶叶寻求销路。熟悉大理弥渡县和祥云县市场的他，就从这两个地方开始推销自家的茶叶。当时，在开放不够的市场经济面前，很多百货商场都有其固定的产品供应商，茶应明的茶根本没机会上柜台。遇到困难，他并没有退缩，将带去推销包装好的茶叶，免费提供给当地政府、企业的高管们品尝，就这样过了一两年，慢慢地打开了市场，有了固定的客源。茶场茶园采摘的茶叶供不应求，于是就向周边茶农收购。

在制茶技术方面，茶应明是“摸着石头过河”，面对客人们口味的不断变化和制茶工艺的困难，他带领团队通过不懈的努力，攻克制茶工艺的难题。起初，茶应明带领 4 位员工，起早贪黑边摸索边制茶，经过多年的潜心研究与探索，他对茶枝的修剪、茶叶的采摘、烘烤、揉捻、储藏等一系列的制作过程都了然于心，并有了不同于他人的领悟。之后，面对市场对绿茶口味的变化，茶应明也能得心应手地调整烘烤和揉捻的技术从而调整出不同的口味，适应市场的需求。在用人方面，每年4月到6月是采茶的高峰期，茶场最多的时候有120多个技术工人在茶场工作，大多是临时员工，技术不够熟练。一方面，为了保证茶叶品质，茶应明对技术工人的要求很高，目前有4个持有证书的技术工人以师傅带徒弟的方式，手把手地对场上的员工进行培训；另一方面，茶应明也会参加或派技术员工参加县里茶厂办组织的茶专家培训课程和活动。在成本控制方面，茶应明觉得人工成本占的比重最大，这要与这几年整个国家劳动力市场价格保持一致，是不可避免的，但销售环节和流通环节是节约成本的重要环节。对此，茶应明自己出钱买了一辆货车专门负责送货以降低流通成本。

1998年，在全国经济发展并不好的情况下，茶应明因为开茶场赚了钱，买了摩托车。很多村民看着眼红也开始争着承包茶场做茶叶生意。当时茶场最多的时候有200多家。但由于缺乏技术和管理经验，大多数茶农们很快便因为无利可获，退出了茶叶市场。但茶应明坚持了下来，他认为茶场的经营不是随随便便就能搞得好的。同年，在他稳定的品质下，在当地县委、县政府的帮助下，茶应明实现了由个体户到茶叶企业领头人的转变。

2002年，茶场通过国家无公害农产品认证，2006年“凤岭绿茶”通过食品质量安全QS认证。

2004年，茶叶市场开始受到大家的重视，茶叶的价值也一路飙升。这时候南涧本土的茶叶公司有120多家，茶叶市场一度旺盛。很多茶商们炒茶、囤茶以期获得更大的收益。2007年时茶叶价格暴跌，茶叶市场开始萎靡。囤茶囤得越多，受的损失也就越大。茶应明不搞投机倒把的勾当，顺利地躲过了这次茶业的大劫，并用卖茶得来的钱到城里买房置地，后来房价大涨，茶应明反而大赚了一笔。当问起为什么可以顺利躲过那次茶业风波时，他只是淡淡地说了一句：“我很实在，没那么贪心。”

2007年至今，虽然茶叶经受着茶叶市场的萎靡和金融危机的双重影响，但茶应明还是那样稳扎稳打地生产着他的绿茶。实现茶叶总产量5万多公斤，总产值300多万元，纯收入达到了80多万元。茶应明成为当地小有名气的“茶老板”。在斯须乐茶场的辐射带动下，周边1000多户茶农从茶场“公司+基地+农户”的发展模式中受益，茶农收入最高的达12万元，最少的也达3万多元。经过多年的辛勤打拼，通过不断的市场开拓，斯须乐茶场目前已发展成为拥有固定资产200多万元，茶园面积250多亩的绿茶生产企业，产品远销下关、昆明、曲靖、陕西、福建等省内外大中城市。茶应明表示，目前斯须乐茶场占领了弥渡县的大部分中低端市场，接下来，他打算进一步提高茶叶的生产和加工品质，改进包装，争取使“凤岭”绿茶打开高端市场，提高市场占有率，以高附加值来赢得更多的利润。他还会继续以饱满的工作热情，坚定的意志，凭着成稳干练，挺过困难和挫折，一步一个脚印，逐渐把企业做强做大，带动当地茶农走向致富之路。

五、启示与经验

发挥自身优势，掌握一定的技术和管理知识是创业的基础，创业不能光靠一身力气，创业者自己要善于发挥优势，要懂技术和管理。发挥优势，掌握和运用专业知识进行茶叶的专业化生产是茶应明走上致富路的重要原因。同样茶应明也重视管理，他认为，管理工作做得好，人、才、物使用得当，搭配合理，就能以尽可能少的开支为企业创造最大的经济效益。本案例给我们的经验与启示如下。

（一）改造茶园，革新技术

在茶应明承包斯须乐茶场之前，由于该茶场属于村办企业，管理不到位，加工工艺落后，市场整体竞争力不强，经济效益低下。茶应明承包茶园之后，投入大量人力、物力改造茶园，扩大茶场面积，提高产量；发展无性良种茶园，大幅度地提高茶叶质量。同时，购置先进的生产设备，革新加工工艺，显著地提高生产效率，降低生产成本，增强了产品的市场竞争力。

（二）市场定位准确

在分析企业自身实力的基础上，结合高山绿茶优势和消费者需求，茶应明坚持单一绿茶品种生产，走平民道路，将产品销售对象定格为普通消费者，由于长期专注于绿茶产品，以普通民众为销售对象，“凤岭绿茶”赢得了广大消费者的青睐，产品知名度不断提高，市场占有率不断提高，尤其在弥渡中低端茶叶市场处于较明显的优势地位。即使在2007、2008年茶叶市场大起大落期间，很多茶厂出现大幅亏损，但由于茶应明的斯须乐茶场坚定地把市场定位于平民，其销售额还是保持稳定增长，只赚不赔。

（三）坚强的毅力和事必躬亲的态度

茶应明在担任马房村茶场场长期间，面对产品竞争力不强，经济效益低下的情况，并没有放弃，反而四处学习借鉴，请教知名专家，不断探索研究，硬是靠着他的执着让茶场重新焕发活力。承包斯须乐茶场之后，遇到种种困难时，他坚信只要自己认真对待，困难一定会迎刃而解。当茶园改造面临人手不足时，他身体力行，对老茶园进行维修改造；当茶叶滞销时，他亲自带着产品从本县跑到外县、从州内跑向州外，为茶叶寻求销路。在漫漫茶叶商海中，茶应明坚守“一分耕耘，一分收获”的信念，靠着坚强的毅力，以积极的态度去迎接挑战，挺过了无数的困难和挫折。

（四）处变不惊，以不变应万变

1998 年是南涧县茶叶生产大变革、大发展的一年，也是茶叶市场最为混乱的一年，大量茶农承包茶场，使南涧茶场增至 200 多家。面对大量涌现的竞争对手，茶应明淡然处之，从容地应对。当时大多数茶场由于缺乏技术和管理经验，对市场风险认识不足，缺乏竞争意识，导致亏损，退出了茶叶市场。但茶应明凭着他的冷静以及对市场的准确判断，反而在这一年赚了大钱。2008 年，更是茶叶市场惊心动魄的一年，茶叶价格暴涨暴跌，很多茶场和茶商的生产经营因此陷入绝境。茶应明同样以不变应万变的传统方式，价格上涨时不盲目扩大生产，价格下跌时也不急于出手，顺利地躲过了这次茶业的大劫，没有受到巨大的损失，甚至因为资金转移快，反而在购房上大赚了一笔。传统的思维，稳妥的发展模式，使得茶应明在开拓茶业市场的道路上走得格外的平稳、格外的顺畅。

（五）营销手段落后

茶应明认为，他们茶场现在存在的主要问题是营销手段落后，市场主要集中在大理、曲靖，企业难以做大做强。从调研中我们也发现这样的问题，企业的营销人员不考虑产品的诉求点是什么，不考虑市场的需求是什么，销售就往茶叶店、批发市场跑，经营就考虑建几家专卖店。尤其在人才使用上，茶应明先考虑的是懂不懂茶，不考虑懂不懂营销。在我们的调研中，茶应明的一个观点引起了我们的诧异，他认为：不懂茶是不能做营销工作的。但当我们反问他懂茶就能带来销售业绩吗时，茶应明沉默了。这可能是他管理上面临的一个重大挑战。

六、讨论思考题

1. 在本案例中，茶应明坚持单一绿茶品种生产，并且没有追求高端产品的生产加工。对企业的长远发展来说，这种发展战略合理吗？如果你是茶应明，你会怎么做？

2. 茶应明创业的动机是什么？创业成功靠的是什么？创业中存在的问题有哪些？

3. 结合本案例，谈谈自主创业对于实现人生目标的意义。

4. 你能分析一下近几年茶业市场价格波动的原因及给出解决办法吗？

（本创业案例素材由大理州农村劳动力转移办公室提供）

“实”属不易　“家业”恒兴

——记昆明市广红饲料有限公司董事长李少清及其事业

一、教学用途

本案例适用于指导创业管理过程中创业者管理、市场开拓、产品项目选择等方面的训练，教学目的在于帮助创业者认识如何抓住市场机会，如何选择创业项目，充分利用各种知识、技术，加强管理创新，重视团队建设，重视人力资源的开发与管理，从而取得创业的成功。

二、企业现状

昆明市广红饲料有限公司于1986年创建，注册资金500万元，是一家集饲料生产、营销与服务于一体的专业化企业。现公司建成饲料厂两个、贸易公司1个，拥有电控全自动化饲料生产线4条，职工210人。公司目前拥有国内最先进的饲料生产设备，年生产能力36万吨。公司生产的云山牌、广卫牌饲料等4个品牌，10多个饲料系列，100多个品种的畜禽全价饲料、浓缩饲料、预混合饲料已畅销云南全省100多个州县，并远销四川、贵州、广西、湖南等省区以及缅甸等国。公司曾受到云南省政府、昆明市政府、昆明市工商管理局、官渡区政府的多次嘉奖和表彰，并荣获昆明市农业产业化龙头企业、云南省饲料工业二十强。“云山牌”饲料已于2008年及2011年连续两年评为云南省著名商标，连续十年被昆明市工商局评为“重信用守合同”的先进企业。广红饲料公司成立以来，从无到有，以小搏大，从手工作坊式的生产到装配现代化的加工设备，牢固立足，稳步发展。近年来，在云南饲料行业的销量中一直名列前茅，产值数亿元，利税数千万元。作为一家云南本土民营企业，实属不易，展示了董事长李少清以“实”见长的风格和以“家”

为核心的企业文化理念。

三、创业背景

随着改革开放的日益深入，人民的生活水平日益提高，肉、蛋、奶等畜禽产品的消费量逐年增加。而饲料工业是动物食品发展的前提条件，是现代养殖业发展的物质基础。李少清就在这样的背景下开始了其创业生涯。

（一）个人背景

出生在昆明市广卫村的李少清，只有小学文化。与20世纪50年代出生的那一代人一样，李少清的青少年时光也经历了对肉食的饥渴，对新衣服的期盼，对求学不得的无奈，但对于这些李少清没有丝毫的抱怨。多难兴邦，吃苦是福。贫穷的家境注定李少清走的是一条艰辛的路。在家里，他很能为家里分忧；在村里的孩子中，他很能自主“拿事”，有主见，伙伴们都服他；在生产队上，他也很能挣工分。他干过包括家务活、农活、手工活、机械活等很多活，见过很多人，经历过很多事，也有着很强的自主自立意识。加上脑筋活络，干活一是一，二是二，不滑头，乐于助人、诚实待人，在周围很有人缘，有一定的号召力，也得到了很多人的支持。这些都为他以后创业成功奠定了坚实的基础。

（二）社会背景

随着中国居民食物结构的改善，对肉、蛋、奶等动物食品的消费量将进一步增长，饲料需求量也会上升。中国从1978年以来，居民食物结构发生了如下变化：直接消费的口粮呈缓慢下降趋势，间接消费的饲料粮持续上升。据统计资料分析，中国人均国内生产总值提高10个百分点，可以导致粮食间接消费增加490万吨。特别是城镇居民食物结构变化更明显，动物食品的消费量呈上升趋势。

中国是一个人口大国，改革开放前动物性食品的消费量远低于世界平均水平。十一届三中全会后，随着我国经济的发展，肉、蛋、奶等畜禽产品的消费量逐年增加。而饲料工业是动物食品发展的前提条件，是现代养殖业发展的物质基础，既有效地利用了现有农业资源，又为人类赖以生存和发展的动物性食品提供了强有力的物质基础和保障。饲料产业决定着畜牧业的发展前途，是发展畜牧养殖业，实现畜牧养殖业现代化、商品化的重要手段，同国民经济和人们生活息息相关。饲料工业上连种植业，下连养殖业，因此，发展饲料工业对于调整农业生产结构、增加农民收入、提高农业效益、缓解我国粮食安全压力、促进农村经济协调发展具有重要的战略意义。发展饲料产业有着重要的经济效益和社会效益。李少清正是看到饲料工业在中国的巨大商机，做出果断决策，才成就了壮丽的事业。

四、创业过程

李少清尽管有很多的工作经历和经验，但他的圈子一直没有脱离过农村。当20世纪80年代初改革开放的春风吹来时，得省会风气之先，加上与一些省外朋友的交流，他的思路开阔了，想法更多了。尽管当时在村里他家的小日子已经是非常好了，但他对现状从来不知足，对于发家致富的想法从来都是超前的，行动也是迅速的。因为具有邻近昆明市区的条件，他连续几年都在用运输车为村里的养殖户拉运从餐馆里收集的泔水和各种畜禽饲料，收入颇丰，积累了一定的资金。当混合饲料开始在养殖户中出现时，敏感的他意识到这是一个可以让他一辈子都走不完的致富之路。

依靠最简单的手工作坊式设备，依靠朋友的指点，依靠踏实做事的风格，已经而立之年的李少清亲历亲为，开始配制饲料销售。起步是艰难的，尽管他的为人做事没得说，但养殖户对他的产品并没有立即认同。这期间，要跑多少路，磨多少嘴皮，帮农户多少忙，销路才一点点地打开；这期间，他花了无数的夜晚，钻研饲料配制的技术和机械知识；这期间，他花费了大量的经费，外出考察学习，增长见识，开阔眼界，找对方法。

曾经因为原料断档，几乎停产关闭；曾经因为资金不足，生产无以为继；曾经因为其他现在都不愿谈及的原因，他也想过放弃。创业起家是困难的。支撑他干下去的一个基本想法是，老百姓要吃肉，而肉是饲料转化来的，只要立足广阔农村，就商机无限，事业的前景也无限，农村广阔天地，大有作为。依靠踏实肯干、做事诚实的信誉，在他的周围，很快就聚集了一批追随者。在交流与碰撞中，经过几年的摸索与体会，他有了一个更大胆的想法，建立一个现代化的饲料加工企业。他自己的资金不足，在对现代股份制企业都不知是何物的情况下，村里志同道合的一帮李姓朋友共同出资成立了昆明市广红饲料有限公司。起“广红”之名，源于李少清当时的美好愿望：希望在滇中地区建立一个能照耀广大养殖朋友的“太阳”，让广大养殖户的日子从此过得红红火火，故名“广红”。

五、经验与启示

市场是一切商品买卖行为或商品交换的总和，各种商品供给和需求的关系、矛盾、变化和发展趋势都通过市场得到集中反映。李少清创业正是抓住了市场机会，充分利用各种知识、技术，重视团队建设，加强人力资源的开发与管理，取得了创业的成功。其经验与启示如下。

（一）李少清善于捕捉商机

居家过日子，出门七件事：柴、米、油、盐、酱、醋、茶。眼下居民出门，远不是七件事了，菜篮子装的是鸡、鱼、肉、蛋、奶、果、菜。这七样东西，除去菜和果，其余的五样，都是畜产品或者水产品。生产这些东西都离不开饲料。作为边疆少数民族地区的云南，每年数百万吨肉类，大部分来自饲养业；上百万吨水产品，大部分来自养殖业。饲养业和养殖业都要依靠饲料工业的支撑。目前，我国的饲养业有两种形式，一种是散养，一种是规模饲养。散养，即是农户饲养，主要解决农民和小城镇食肉的问题。即便是农户饲养，要想提高畜产品的产量和质量，也离不开现代饲料工业运用科学配方生产的饲料。至于大中城市和厂矿区的肉食供应，则主要依靠规模饲养，依靠现代化饲养，这就更离不开现代饲料工业。李少清正是了解了饲料市场需求变化的趋势，抓住商机，果断出手，成就了一个在云南饲料行业销量名列前茅、产值数亿元、利税数千万元的大型民营企业。

（二）李少清重视人力资源开发与管理

人力资源是组织中各项资源的主体要素。人力资源的开发与管理帮助组织和个体更全面、系统、客观、有效地分析组织战略与人力资源规划，组织人力资源配置和人力资源的发展。人力资源开发与管理是组织提高绩效，提升竞争力，实现更大发展的源泉。人，已经不再只是简单的经济活动中的生产要素，而是经济活动中决定或影响经济活动价值大小的资源，是经济活动中影响和决定传统资本实现增值的一种新型资本——人力资本。基于这样的认识，李少清非常重视人力资源开发与管理，针对不同资质的新人，公司为其提供了不同的定位和发展舞台，能言善辩之士，公司不惜花费10万元以上投资培养营销精英；不善交际，勤劳肯干之才用于内勤内务；精于设计和机械者用于车间总控和维修；严于律己、不徇私情者用于品质管理和进出货质量把关；善于实验和分析者用于化验；计划、组织、协调等综合能力强者提拔到管理岗位。正是这些务实的民主之道，柔性的人文关怀，科学的人力资源开发与管理，使本来人才跳槽频繁的行业常态在李少清所领导的“广红”里得到了反证。

（三）李少清具有诚实做人的良好品质

古今中外，无不遵循这样一个道理：诚信是通向成功的基石。李少清也不例外。诚实是做人的基本品质，是人们互相依赖和友好交往的基石。每个人都喜欢同诚实正派的人打交道，与诚实正派的人交往。李少清之所以受人欣赏，最重要的一点就是诚实，守信。李少清做事向来说一不二，做事干脆利落，得到朋友一致好评。与人交往中，李少清以诚相待，说实话，办实事，做老实人，不会对朋友虚情假意，口是心非，耍小聪明。当朋友真诚与他交往时，会把朋友的点滴之情，以同样的真诚，甚至更多的真诚的言行去回报朋友。这样以心换心，不仅使得他与朋友之间的友情根深叶茂，同时，他这样真诚的待人方式，也为他赢得了生意场上的合作伙伴。

（四）李少清具有踏实做事的良好作风

古人云：“吃得苦中苦，方为人上人。”这句名言，激励着多少有志者朝着人生目标奋力向前。李少清也不例外，他坚信：人生中任何一种成功都不是唾手可得的，不肯吃苦、不能脚踏实地，是不可能获得任何成功的。因此，到了而立之年，李少清仍然亲历亲为，亲自配制饲料、亲自向顾客推销，夜以继日地钻研技术和学习机械设备知识，外出考察学习国外先进的经验。正是这种踏实肯干的优良作风，使得李少清有了今时今日的成就。

（五）李少清重视企业的团队建设

“广红”的起“家”，靠的是秉承以家族为纽带，以诚为信，以孝为道，以和为贵，以爱兼容人才和培养人才的经营理念。农民企业家虽然没有受过高等教育，也没有新锐或舶来的管理理念，却一步一个脚印把梦想变成现实。公司洋溢着尊重人才的氛围，为员工的发展提供舞台，让员工发挥个人所长。李少清坚信“人人都是人才，没有无用之人”，他用人能取人所长，避人所短，各得其所。正是靠以人为本的管理、柔性的人文关怀，使员工与企业真正地融为一家，与企业共进退。因此，公司虽然没有明文规定的企业文化，但整个公司给员工营造了一种“父慈子孝、称兄道弟”的“家”的氛围。

综上所述，李少清靠勤劳的双手、精明的头脑、务实的作风、以人为本的管理创造了个人事业的辉煌。

六、讨论思考题

1. 李少清创业成功的因素有哪些？这对你有什么启示？

2. 谈谈你对案例中李少清“家”文化的理解。你觉得在现代企业文化中，这种“家”文化有什么优势和劣势？

3. 你觉得诚实做人的品质对事业有什么帮助？你觉得应如何将个人诚实的品质渗透到企业文化中？

4. 结合本案例，谈谈你怎样看待技术、文化、管理和制度四种创新之间的关系。

5. 通过本案例，简单说说团队组建时有哪些问题应该注意。

6. 团队有哪些角色？角色分工是什么？如何保证团队的和谐运转？

（本创业案例素材由云南农业职业技术学院教师赵跃提供）

重视创业管理　打造个性品牌

——锡伯龙农家乐创始人瓜尔佳·宝仓创业经历

一、教学用途

创业成功与否与创业者的素质和能力有直接关系。本案例通过瓜尔佳·宝仓的创业经验，介绍创业者一般应具备的创业能力，包括经营管理能力、技术创新能力、捕捉商机和决策能力、沟通协调能力。了解农家乐创业应具备的条件，学习如何结合当地实际，开发农家乐项目。

二、企业现状

1999 年，瓜尔佳·宝仓陆续从家乡带出 40 余位父老乡亲来到昆明，在昆明市双龙乡汗马者村开办了全国首家“锡伯龙”农家乐示范基地。2004 年，因为对地方经济发展和带动群众致富的突出贡献，瓜尔佳·宝仓被选为昆明市盘龙区世博片区个体私营经济协会副会长。2005 年，在首届云南省热销菜品比赛上，锡伯龙农家乐的烤全羊、烤全猪、石头鱼、三锅菜一举夺得了“新派滇菜金牌奖”；同时，锡伯龙农家乐还获得了“云南省十佳特色餐饮企业”称号。2006 年，瓜尔佳·宝仓被昆明市盘龙区人民政府授予“盘龙区第十三届劳动模范”称号。同年，瓜尔佳·宝仓的名字及他的“品锡伯龙猎餐猎宴，了解锡伯族文化，用兵团连锁管理法，推广乡村生态游”的爱国宣言被中华爱国英才报效祖国活动委员会镌刻在北京居庸关长城的“爱国宣言墙”上；昆明锡伯龙餐饮管理有限公司还被昆明市旅游局、昆明日报社授予昆明市民喜爱的乡村旅游“十佳农家乐”荣誉称号。2006 年 9 月，瓜尔佳·宝仓应邀出席在北京人民大会堂召开的“中国民营企业二次创业暨海峡两岸企业合作高峰论坛会”，并在会上作了经验交流，获得了与会代表的赞誉。

2007年，中国市场监测中心、中国市场研究中心又向昆明市锡伯龙餐饮管理有限公司颁发了“中国饮食文化、服务质量五星级餐饮企业”牌匾。

自1999年瓜尔佳·宝仓到昆明创立农家乐示范基地以来，弹指间，12年过去了，现在的“锡伯龙农家乐”早已鸟枪换炮，已成为占地300亩，有山林、果园、鱼塘、家禽养殖场、户外运动场、休闲娱乐区、民族文化展示区、停车场等为一体的大型综合餐饮娱乐休闲胜地，在北京、贵州、四川等地拥有上十家连锁加盟分店。

三、创业背景

（一）个人背景

瓜尔佳·宝仓，辽宁省新民市一个新一代锡伯族汉子，一个有着“英雄的民族”血统的后裔。锡伯族是我国民族大家庭中的一员，是我国北方古代鲜卑族的后裔，锡伯族的祖先以狩猎捕鱼为生，历来骁勇善战，守序团结。1970年，对军人有着特殊感情的瓜尔佳·宝仓实现了人生中最重大的第一个理想，如愿以偿地成为广州空军某部队的一名军人，在同龄青年羡慕的眼光中成为“祖国最可爱的人”，成为一名守卫祖国蓝天的钢铁战士。这一守卫，就是整整20年。

1990年，年近40岁的瓜尔佳·宝仓脱下了伴随他20年的军装，转业到地方当了一名干部。这时，正是中国改革开放的浪潮最热烈的时候，大批的干部和知识分子下海经商，大批的农民工蜂拥进入城市寻找他们的梦想，城市也正在进行轰轰烈烈的建设以容纳那些从四面八方拥进城市淘金寻梦的人。一瞬间，仿佛所有人的内心都充满了激情、躁动和不安。

也许是城市里的这种激情感染了瓜尔佳·宝仓，也许是他内心本身就有做番大事业的野心。1991年，瓜尔佳·宝仓不顾亲人朋友的反对，毅然丢弃“铁饭碗”下海经商了。他最初的创业想法很单纯也很有商业思维：在大批农村人口向城市转移的过程里，餐饮行业应该是最有发展潜力的，而锡伯族传统的饮食习俗猎餐猎宴的主食烹饪法——“烧烤”法——演绎出来的既香又无膻味的干火锅，不仅上档次，也适合大众消费，最重要的是这一事业还可以把锡伯族的饮食文化发扬光大。在这样的思维下，瓜尔佳·宝仓在广西的“洞天酒家”开张了，并且一炮而红，这种带着浓厚锡伯族餐饮文化的饮食深受消费者的喜爱。在积累了第一桶金后，瓜尔佳·宝仓开始潜心研究并开发出了多种锡伯族餐饮食品，并带领家乡亲人一行辗转广东、广西、北京、贵阳、昆明、大理等地开设风味餐厅、酒店以传播锡伯族餐饮文化，都受到了市场消费者的认可和喜爱。创业的风风雨雨，艰辛和挫折使得这位军人更加坚毅、刚强和睿智。

（二）社会背景

农家乐是一种以农业和农村为载体的新型生态旅游业。"农家乐"旅游适应当前的市场需求，具有良好的经济效益和社会效益。国家为解决"三农"问题，提倡乡村旅游和建设社会主义新农村的重要性，将改变农村面貌，加快农业发展，促进农民增收致富作为首要工作来抓。1999 年，在中央经济工作会议作出"要不失时机地实施西部大开发"的战略决策后，瓜尔佳·宝仓抓住了这次西部开发热潮的机遇，在云南省昆明市招商引资的项目中，选择了云南省政府"办好乡村旅游"政策支持的农家乐餐饮旅游项目，来到昆明继续研究和发扬锡伯族民族文化和餐饮文化。

四、创业过程

俗话说："入深海者得蛟龙。"如果只是在海边徜徉，得到的就只是贝壳。如果瓜尔佳·宝仓来昆明创业的初衷只是为了开个农家乐挣点钱，他的事业也不会发展到今天。

1999 年，瓜尔佳·宝仓陆续从家乡带出 40 余位父老乡亲来到昆明，在昆明市双龙乡汗马者村开办了全国首家"锡伯龙"农家乐示范基地。

也许对任何企业来说，最容易碰到两个阶段的瓶颈——生存的瓶颈和发展的瓶颈。在准备投资农家乐示范基地的时候，瓜尔佳·宝仓更多的是把发展的前景想象得很美好，在实际的运作经营里，他才真正地体会到了创业的艰难。

刚到汗马者村，瓜尔佳·宝仓要面对的是没有路、没有通信设施、人烟稀少但有着一片绿色葱郁的山林，而要把这片山林改造成为理想中的"世外桃源"并不是一件容易的事情。在现实和困境面前，瓜尔佳·宝仓表现出了勇猛精进的激情。

首先，瓜尔佳·宝仓请当地老乡带路，在周围山上调查了解情况后，亲手绘制出汗马者村详尽的地貌图。之后又在山上圈起菜园子种上方便果蔬，并用石棉瓦先盖起简易餐厅迎接游客。餐厅虽然简陋，却也没能阻挡住人们对锡伯族美味佳肴的吸引，开张后很受人们的喜欢，这也使他增添了战胜困难的勇气和发展的信心

第二步是改变交通状况。汗马者村原来的路都是村级土路，不好走，坡陡弯多路窄，过往车辆很少，一到雨天就根本无法出行，严重制约着农家乐的发展。为此，瓜尔佳·宝仓自己出资每星期都派人去修路，在他的支持和努力下，村里终于有了像样一点的路，游客也逐渐多了起来。同时，每逢下雨天，瓜尔佳·宝仓考虑到路途中的游人行走困难，还专门派车到村口去接客，这份爱心让那些正在路途中的游人深受感动，一时间，他的种种爱心行为在附近传播开来。

第三步是改变治安状况。由于汗马者村属于城乡结合部，出游过往行人复杂，治安状况很不好，经常出现偷盗、抢劫、斗殴等事件，一段时期使得本村及周边村落的农家乐生意都受到了严重影响。为解决这一问题，瓜尔佳·宝仓积极与当地公安联系，然后又挨家挨户地与村里和沿途几家农家乐老板商议并达成协议，成立了当地“农家乐协会”，并从村里抽调5名身强力壮的青年组成“护村队”负责村落的治安工作，经费不足部分由瓜尔佳·宝仓承担解决。当时，农家乐一顿实惠的饭菜只要3元钱，瓜尔佳·宝仓都要从这3元钱中“抠”出2毛钱来作为经费解决治安方面的问题。附近村民和别的农家乐老板都逐渐被瓜尔佳·宝仓的精神所感动，自觉不自觉地主动加入到维护本村治安的行业中，形成了“人人管治安，人人关心治安”的联动机制，终于使当地的旅游环境和治安环境得到了改善，农家乐的生意逐渐恢复了生机。瓜尔佳·宝仓的努力得到了村民们的赞誉：“解放时工作组说话算数，如今，能说话算话的就是你了。”

第四步是积极与政府职能部门联系，解决供水、供电问题。生活在喧嚣城市中的人在工作劳累之余，会渴望在“世外桃源”式的环境里吃吃饭，休闲调节劳累的身心。这也是瓜尔佳·宝仓选择在没有路、没有通信设施、人烟稀少，但有着一片绿色葱郁的山林的汗马者村开办农家乐的主要原因。农家乐刚开业的时候，因为地理位置的关系，不通水、不通电，这给农家乐的发展带来了极大的困难和不便，同时也给来吃饭的游客带来了种种不便。为

了解决这一问题，瓜尔佳·宝仓不断往地方政府和职能部门跑，争取得到他们的支持和帮助。在很长一段时间内，村里的农家乐都是靠由上山引来山泉水解决生活、经营用水问题，由于吃水难，仅在为村民打井上，瓜尔佳·宝仓就投入3.15万元，为村里打下一口饮水井，否则遇到现在的3年干旱村民真的没水喝，农家乐用水会更难。农家乐办起来后，生活、生产用电问题一直是农户的一块心病，在瓜尔佳·宝仓和广大村民的共同努力下，2006年当地政府解决了村里的用电问题。

第五步是积极营造农家乐的生态环境，使周边永远保持环保卫生。游客多了，职工多了，吃喝拉撒都会让生态环境面临巨大的考验。瓜尔佳·宝仓为了让农家乐的环境不受污染，他在不破坏生态环境的前提下努力提高农家乐环境的清洁卫生。在经过实际论证后，瓜尔佳·宝仓认为解决这一实际困难的最好办法就是建沼气池。在事业刚起步，资金还很困难的情况下，瓜尔佳·宝仓仍然想办法筹措了10万元在园区建起了长24米、宽4米、高2.5米、容量200立方的“六位一体”的沼气池，并把沼气池的顶部建成养殖房、卫生间。这样一来，农家乐园区的废物、废气被集中到沼气池，经过发酵后变废为宝，用沼气做热能应用到生产生活中，而沼肥则用于农作物的肥料生产出绿色生态蔬菜。这一做法不但响应了当时国家倡导发展循环经济的号召，也确保了整个农家乐山庄的生态环境不受污染。

“人无远虑，必有近忧。”瓜尔佳·宝仓步步为营地推进着自己事业的同时，也将眼光放到了更长远的天空。他在菜式上不断推陈出新，烤全羊、烤全猪、烤全鸡、烤全兔、三锅菜等具有浓郁锡伯族特色的佳肴不断向消费者推出。由锡伯族人自制的三烈酒（土酒、猎酒、壮酒）更是让人回味无穷。锡伯龙农家乐的生意一步步红火起来，同时也带动了村民发展农家乐的积极性，很多村民都学着锡伯龙在自家办起了农家乐，村民的经济状况发生了很大的变化，短短几年，当地的农家乐就达到了几十家。锡伯龙农家乐不仅使当地乡村改变了面貌，同时也提供了就业机会，带动了更多的村民走向脱贫致富的发展道路，缓解了政府部分就业压力。目前，锡伯龙农家乐带动了汗马者村从山沟到半山腰盖起了各式各样的农家院，使当地形成了乡村旅游格局。2006年2月，在汗马者村锡伯族人的共同努力下，锡伯龙农家乐正式发展成为昆明锡伯龙餐饮管理有限公司，并在全国各地发展和建立起10多家锡伯龙餐饮连锁加盟店，与加盟连锁店同谋发展、共同进步和双赢。

五、经验与启示

（一）规范管理，实现可持续发展

卓越的企业来自于卓越的管理制度。目前大多数县区对“农家乐”为主的乡村旅游没有制订规划，存在着盲目性和无序性开发，层次低下，品位不高。有的“农家乐”与当地农村资源和风土人情脱离；有的“农家乐”只重规模，不讲质量，粗制滥造；有的“农家乐”开发上脱离了朴素、自然、协调的原则，贪大求洋，追求豪华，不土不洋，不伦不类。锡伯龙餐饮管理有限公司在不断发展的过程中，总结出了一套独特的管理方法和经营运作方法，这套独特的管理方法和经营运作方法也成了企业可持续发展的根本。

（1）在菜肴（产品）的创新上，以拳头菜肴（烤全羊、烤全猪、石头鱼、三锅菜）为基础，不断进行烹饪技术的创新，以增加餐桌上的新亮点。

（2）在开拓市场方面，以“锡伯龙农家乐”模式为基础，推出城市连锁店模式，带动更多的人通过农家乐模式走向发展的道路。

（3）在管理方面，瓜尔佳·宝仓根据部队 20 年的管理经验，总结出了一套独特的《锡伯龙兵团连锁管理法》作为企业自身的行为准则。

（4）在员工技能培训方面，实行员工岗位轮换制，以提高每一位员工的餐饮经营能力。

（5）在企业文化建设方面，瓜尔佳·宝仓致力于创建以“为人民服务，共同致富”的思想为经营宗旨；以“雷锋精神，八荣八耻”为行为指导；以《锡伯龙兵团连锁管理法》为企业经营的根本方法；以“支持、规模、和谐、双赢”为企业的经营理念；以“弘扬锡伯族文化、走锡伯龙餐饮连锁之路、创锡伯龙百年品牌”为企业的发展方向的系统文化作为企业文化。

（二）突出特色，打响品牌

自从 1991 年开设了第一家餐厅开始，瓜尔佳·宝仓就在不断探索新的调味方法，研究如何把锡伯族的调味秘方和现代的调味物料有机结合起来创造出新的调味品。2007 年，在经过了上万次的试验后，瓜尔佳·宝仓终于研制成功了一种新的、独特的调味品——三十香。三十香这种独特的调味品以锡伯族传统的调料为基础，并融合了云、贵、川三省的传统饮食美味的精华，这种全新的调味品在用到了他经营的农家乐菜品上后，深受顾客的喜爱，更有很多顾客追着问他菜里用的是什么调料，他们好去购买。看到顾客反映这么热烈，更坚定了瓜尔佳·宝仓将这种新的调味方法发扬光大的想法。很快，瓜尔佳·宝仓申请了专利并注册了云南锡伯龙生物科技有限公司和“锡伯龙三十香”的商标，其中就包含了“烤羊料”“烤猪料”“烤鸡料”“炒菜料”“卤味料”“炖菜料”“凉拌料”等近20个品种。

2008年6月，瓜尔佳·宝仓和一位饮食专家在交流目前调料市场的现状时，该专家抱怨目前调味品的包装粗糙，打开后放置的时间太久不保鲜会跑味，而且安全得不到保障。这句话对瓜尔佳·宝仓的触动很大，回来后他就开始研制如何解决该专家提出的问题。经过一年多的市场调查和研制后，瓜尔佳·宝仓推出了一种既环保，又卫生、健康的新产品。首先，“锡伯龙三十香”的系列调味品推出了“贵族版”的新包装，这种集瓷、锡、紫砂为一体的包装盒从外观上看就是一个工艺品，具有实用性、装饰性、收藏性的特点，并且在调料使用完后装上新的调味品也能起到密封保鲜的作用，特别适合于有一定经济实力的家庭使用。其次，袋装的调味品采用精美的包装方式，并且内装的调味品也使用更小的包装袋，每一小袋就是用一次的调料，这样就能使消费者所使用的调味品都能保持新鲜不跑味。这一创新方法彻底解决了调味品包装粗糙、不保鲜、跑味、存在安全隐患等问题。

（三）加强基础，积极创新

有些事情你要事先做出一个准确的判断是很难的，必须要跳到这个行业里面去做了你才会发现新的商机和机会。从事餐饮行业20年，瓜尔佳·宝仓在不断研制调味品创新的同时，也在密切关注着调味品行业的发展和变化。在对海天、太太乐、味好美、王守义十三香、王致和金狮龙门、安记等大品牌进行研究后，瓜尔佳·宝仓发现了整个调味品行业都存在的一个缺陷：所有的调味品主要关注味道和品牌，而忽略了人们一个共性的需求——保健。这一发现让瓜尔佳·宝仓欢欣鼓舞，如果能生产一种对人具有保健功能的调味品，对整个人类都会是一种贡献。这种想法让瓜尔佳·宝仓觉得全身都充满了激情和成就感，让他忘我地进入了新的研制中。在近3年一次次的试验后，这种具有保健功能的调味品目前已进入到了最后的测试阶段。当这种具有保健功能的调味品面世的时候，对整个调味品观念或许会是一种颠覆。

（四）回馈社会、扩大影响，提高从业人员素质

由于“农家乐”家庭粗放化、松散经营，小农思想严重，没有横向和纵向的销售网络，坐门等客，市场开拓意识不强。从业人员服务意识较差，服务质量不高，欺客、宰客现象时有发生。在这样的形势下，云南锡伯龙职业培训学校顺势成立了，学校的培训招生紧紧围绕当前社会发展趋势，有针对性地进行培训。目前，云南锡伯龙职业培训学校开展厨师培训、服务员培训、农家乐老板培训、电脑培训、家政培训、农民工劳动力转移就业培训、绿化工培训、保洁员培训、种植养殖培训等项目。

传统的技术培训都是以让被培训者学会一技之长为主。云南锡伯龙职业培训学校的办学思路是在让学员学到一技之长的同时，更注重抓学员的思想教育，转变学员的思想观念。“心态决定人生。”为了让学员们能树立一个良好的心态，瓜尔佳·宝仓亲自给学员上课，通过自身的成功经验和从事农家乐行业近20年的经验积累，教会学员如何树立一个良好的心态，让学员对送自己来学校培训的亲人有一颗感恩的心。“要做事，首先要学会怎么做人”，这是瓜尔佳·宝仓的理念。在教会学员学好技术的同时，瓜尔佳·宝仓不断地向学员们灌输做人做事的道理，牢固树立学员们“干一行爱一行，行行出状元，守法经营是正途”的创业理念。

2011年10月，因为在职业技术培训上的突出贡献，瓜尔佳·宝仓被云南农业职业技术学院聘请为“云南省创业指导服务中心”专家库专家。

六、讨论思考题

1. 你认为瓜尔佳·宝仓成功最根本的因素是什么？

2. 在瓜尔佳·宝仓创业的过程中，经历过许多挫折，也有多次摸索，但最终取得了成功，这对你有哪些启发？

3. 请结合本案例，谈谈农家乐如何做到以“农”为根，以“乐”为魂，以“富”为本？

（本创业案例素材由锡伯龙农家乐创始人瓜尔佳·宝仓提供）

风险管理　拓展肉牛产业链

——云南石林云昊农产品有限公司董事长李永云的创业之路

一、教学用途

创业过程中，机遇和风险并存。创业意味着开拓新的领域，前面的路有许多不可把握的未知数，这就是风险。面对风险，有些人选择了退缩，同时也选择了失败；有些人选择了挑战，也就选择了胜利。作为创业者，应该有识别风险的能力，本案例介绍了农业创业者控制风险、规避风险的措施。

二、企业现状

云南石林云昊农产品有限公司于2008年10月注册成立，公司是主要以改良、繁殖、养殖、销售、餐饮为一体的龙头企业，先后投入高档肉牛养殖资金3000多万元，购置草场养殖基地150亩。选用产肉性能好、肉品质档次高的肉牛品种作为主要种牛源，主要有安格斯与西门塔尔的杂交后代。现已形成以公司与“农民养殖肉牛专业合作社”加农户的养殖格局和模式。建设有机肉牛养殖核心基地两处，辐射带动560户专业合作社养殖户，计划达到养殖4000头肉牛的规模（其中公司自养2800多头，带动当地农户养殖1200多头，直接给农户增加经济收入和解决富余劳动力就地就近就业）；建设与养殖基地配套的有机肥料加工车间1处，年处理粪便和废水能力15800吨，生产有机复合肥22000吨；改善了卫生环境和更为科学合理地处理环保问题、节约能源。并先后在昆明市区和石林县城开了大型“肥牛餐厅”两家，生意非常红火，第三家“肥牛餐厅”店正在筹备当中。这让消费者真正尝到了有机牛肉的品质。另外，建设了300立方大中型沼气池一座，公司实现了循环生态养殖。建设有机牛肉市场化推广和终端销售体系，年销售有机牛肉1095

吨，销售收入为1140万元，实现利润377万元。至2011年年底，公司资产总值达2534万元，现价总产值达452万元，固定资产完成额为1180万元；为各生产基地和养殖户提供全方位生产技术服务的服务保障体系。同时也形成了企业经济良性循环的产业链，公司被评为“昆明市龙头企业”称号，被授予“国家肉牛产业技术体系肉牛养殖示范基地”。2011年12月1日，石林云昊农产品有限公司在全省首家被命名为“国家肉牛产业技术体系肉牛养殖示范基地”。

三、创业背景

（一）个人背景

李永云，1972年生，大学本科学历，是云南石林云昊农产品有限公司董事长，从事肉牛养殖5年，经过摸索经营，他不但熟练掌握了肉牛饲养管理技术，而且积累了肉牛产、加、销、经营等方面的丰富经验，被云南省农村劳动力资源开发研究会、云南省扶贫基金会等表彰为“云南省创业之星”。并于2012年5月到北京参加了第十届全国创业之星经验交流表彰大会，李永云代表云南省参会人员走上主席台领奖，受到了国务院副总理回良玉的亲切接见。

（二）社会背景

近年，世界各国的牛肉消费量呈整体上升趋势，我国牛肉消费量的增长也非常迅速，但我国牛肉人均消费量仍然较低，不到世界平均水平的一半。随着中国经济高速发展，城镇居民收入不断增加，我国消费者对于牛肉特别是高档牛肉的需求正与日俱增。发达国家经济发展规律表明，国民经济收入达到人均1000美元的时候，牛肉消费明显增长。高档牛肉消费已经在我国大城市风靡起来，在高档餐饮场所，已成为招待贵客的体面食品。所谓高档牛肉，是指用特定牛种、特定技术、特定加工生产出来的。一般1头高档牛能出45%的高档肉，15%的最高档肉（不超过20%）。国人对美味的要求以及健康意识的提升使中国高端牛肉市场迅速扩大。

消费热的背后，一定有产业的推手。中国高档肉牛产业起步于2002年，2006年开始有产品上市。近年来，我国涌现出了一批资金实力雄厚，产品质量优秀，并集养殖、加工、销售为一体的现代化肉牛产业集团。这些企业采用高端的科学饲养管理技术，引入国外先进的屠宰分割设备，具备完善的胴体分割标准，并严格采用食品质量安全追溯系统，是我国优质高档牛肉产品的重要生产基地。

四、创业过程

李永云由当初引进的300多头安格斯牛开始创业，发展到目前养殖合作社1580头的规模。2008年，他投资100多万元引进300多头安格斯牛，厂房设施不齐加上饲养不当，几个月时间，便有100头牛连续生病死亡。死一头牛的损失就是五六千元，还未见到任何效益，近几十万元便打了水漂。牛接连死亡的现象并没有结束，并且愈演愈烈。但在投资策略上，他的确犯了投资者冒进的通病，并导致投资危机的出现。因为与其他投资相比，特种种养殖的技术性较强，种养殖难度较大，加之特种种养殖发展时间较短，所以有一些技术尚不普及，有些技术还在探索当中。在前些年的特种种养殖中，种养殖技术不过关而导致出现动物死亡的现象屡见不鲜，这也是种养殖容易失败的重要原因之一。

在请来的技术人员和兽医都无法解决安格斯牛持续死亡的问题之后，李永云试着自己找原因。他将牛分开饲养，一些继续在厂房里，一部分放到厂房外。厂房外的牛死亡率明显降低，学建筑出身的李永云仔细观察从山东学习仿建的厂房，发现这种厂房中看不中用，透光性很差，再加上对病牛的解剖发现，由于高原反应导致牛肺出现了问题。找到根源后，李永云根据建筑学采光、通风和清洁度等原理，重新设计和兴建厂房，成功解决了安格斯牛的水土不服问题，并用安格斯与西门塔尔的杂交后代育成“云昊牛”。

为推动云昊牛实行标准化生产，云南石林云昊农产品有限公司使肉牛产业形成了生产、加工、销售的完整链条。为了扩大自己的养殖规模，李永云带动周边农户养殖“云昊牛”，并向当地农民收购玉米、青玉米秆，此一项可让农民增收500元/亩。为了提高牛肉的品质，李永云用中药防疫，保证了牛肉的口感和品位。随着肉牛养殖业的迅速发展，出现了一些问题，肉牛养殖户分散经营，养殖规模较小，养殖技术落后，缺乏养殖资金，产品销售是一种松散的零售状态，产品销售难、资金回收难，养殖户承担的风险较大。为了加强肉牛生产的社会化服务，有效衔接肉牛养殖业的产前、产中、产后环节，提高养殖户的综合效益，他决定借鉴外省市成立专业合作社的成功经验和做法，在石林鹿阜镇成立以公司与“农民养殖肉牛专业合作社”加农户的模式，把一家一户组织起来形成规模养殖，通过合作社聘请畜牧兽医专家，统一为养殖户进行养殖技术指导和疫病防治，来提高肉牛养殖户养殖水平。同时，组织进行统一的产品销售来提高肉牛养殖户的经济收入和抵御市场风险的能力。经过3年多的不断探索和发展，该合作社有效地提高了肉牛养殖户的组织化程度，推动了当地肉牛产业的发展和农民收入的增加。李永云认真完善和不断健全合作社制度及运行机制，为社员和养殖户提供了一些力所能及的专业技术和科普知识等服务，积极发挥了示范引导作用，对石林县各类农民专业合作社的发展起到了积极的推动作用。

五、经验与启示

很多企业对风险认识不足，企业软实力缺失，只注重外功不注重内功。做高端牛肉是一个系统工程，周期长、产业链长，不是想象中那么容易。企业要扎扎实实地做好牛种品牌和产地品牌，规避风险，这样做有利于产业持久健康地发展。

（一）引进技术，减少养殖风险

经过创业之初肉牛成活率低的重创，李永云深知技术的重要性，他一直通过网络收集各种科学养牛的信息，并与云南省草地动物科学研究院合作，定期请院长、知名肉牛专家黄必志教授作各类培训和讲座，开展品种育种，培育肉用牛品种，利用国内比较好的地方品种进行选育，提高产肉性能。同时，建立高代杂种母牛群，再适当从国外原产地引进优秀种公牛，进行科学的选配育种。公司改变传统饲养方式，推广阶段育肥法和短期快速育肥法，增加牛肉的产量。通过标准化养牛，引领和带动了集中、规模、精细养牛的积极性，降低了养殖成本，增加了养殖收入。公司改变了传统的饲养方式，买进断奶牛犊，采用短期集中育肥；将大量的适龄牛集中饲养，饲喂一定的精料，在90～100天内达到500公斤的出栏体重。

3年来，李永云组织人员到外地育牛公司进行参观学习，从选购牛的品种、饲草饲料的配比、疫情疫病防控、到销售的环节进行深入的了解和交流，进一步理清了合作社的发展思路，高起点起步、高标准建设，由粗放型养殖向精细型养殖转变，强化基础设施建设和疫情疫病防控，进一步搞好定期防疫和阶段性疫病的检测与控制，提高防疫的及时性、针对性和有效性，确保在疫情疫病防治上不出现大的问题，极大地降低了养殖风险。

（二）依托合作社，抵御市场风险

在激烈的市场竞争中，农业是高风险的产业，为了降低市场风险，需要通过合作扩大规模，提高产品在市场竞争中的地位。农民专业合作社是由同类农产品的生产经营者或者同类农业生产经营服务的提供者，进行资源联合的组织。合作社可以实现优势互补，形成“1＋1＞2”的效应。通过建立农民养殖肉牛专业合作社，云南石林云昊农产品有限公司实现知识共享、争取市场谈判的主动权，较好地解决了农户掌握信息不及时以及生产和销售等难题，极大鼓励了农户入社养殖的积极性，为带动地方经济形成倍增效应。

（三）扩展牛产业链，分散经营风险

通过收购农民的玉米和青玉米秆，为养牛提供优质的饲料，实现肉牛养殖和种植的双赢，少了对村屯和周围环境的污染。牛产生的粪便实行集中收集、集中管理、集中使用，增施农家肥，实现了种地和养殖的统一。“养殖—粪污—沼气—发电—沼液、沼渣—有机肥厂—种植—秸秆—饲料厂— 养殖”的循环经济新模式，有效利用畜禽养殖产生的沼液、沼渣，为石林县有机食品的培育提供了肥料，形成了别具特色的农业生态旅游资源，创造巨大的经济效益。

在市场方面，公司狠抓销售，确保实现增收。这几年，李永云一方面积极把握养牛信息，及时了解国家、省市市场行情，在牛市行情低的时候，投入资金购买牛；另一方面摸清规律，按市场规则办事，拓宽销售渠道，筹建了多家“肥牛餐厅”，不仅打响了云昊肥牛的知名度，而且增加了收入。

六、讨论思考题

1. 请结合云南石林云昊农产品有限公司创业过程，分析如何利用“公司＋农户”的经营模式增强抵御市场风险的能力。

2. 如果你已有创业项目，谈谈你的项目可能面临的风险以及可能的规避办法。

（本创业案例素材由云南省农村劳动力资源开发促进会提供）

后记

党的“十八大”报告中指出，要“贯彻劳动者自主就业、市场调节就业、政府促进就业和鼓励创业的方针，实施就业优先战略和更加积极的就业政策”，不断提升农民就业水平。要实现这样一个目标，农业农村经济发展是基础，农民创业是关键。大力推动农民扎根本土创业和发展是促进高原特色农业发展和新农村建设的一项意义深远的重要工作。

农业创业活动是高原特色农业发展和新农村建设的重要源泉。在高原特色农业和新农村建设中，综合创业的一切积极因素，激发农民创业热情，形成人人创业的活跃局面，以创业带就业，以就业促发展，是推进高原特色农业和新农村建设的根本途径之一。在 2011 年 11 月 4 日云南省农民创业指导服务中心专家库成立仪式上，与会专家一致认为，在开展阳光工程农民创业培训时，针对农民创业学员的实际情况，最好能有一本反映我省农民创业典型创业过程的辅助读物，增进农民对创业的直观感受，激发其创业热情。本教材在编写时遵循“实用性、直观性、地方性”的原则，通过对具体创业步骤的介绍，采用大量现实、生动的案例，阐述了教学用途、企业现状、创业背景、创业过程、经验与启示五个方面的内容，激发农民的创业热情，引导农民摒弃安于现状、小富即安的传统保守观念，抛弃等、靠、要的落后懒散思想，树立大胆创业、艰苦创业、诚信创业的理想和信念。

本教材由长期从事经济管理、具有丰富培训经验的专家、学者编写，他们当中有亲历创业过程并取得成功的人士，有长期从事创业教育的专家。本教材在编写过程中，得到了云南省农业厅、云南省阳光工程办公室、云南农业职业技术学院以及云南省农村劳动力资源开发促进会有关领导同志的指导，16个州（市）劳动力转移办公室、临沧市农业广播电视学校、曲靖农业学校以及云南农业职业技术学院的教师积极提供创业案例素材。胡列曲、杨增雄、张宗敏、唐柳洁等有关专家参与了编写工作，付出了辛勤的劳动，在此一并表示感谢。

在编写过程中，我们主要以云南农民创业案例原始素材为基础，同时也参考了部分网络信息，资料来源不能一一列出，在此深表感谢和敬意。

由于作者水平所限，加上时间仓促，书中难免有错漏之处，敬请广大读者不吝赐教，批评指正，我们将认真梳理存在的问题，不断将本教材进行完善。

编　者

2012年12月